마르크스가 들려주는
자본론 이야기

마르크스가 들려주는

자본론 이야기

ⓒ 박영욱, 2009

초판 1쇄 발행일 2009년 1월 8일
초판 11쇄 발행일 2024년 6월 1일

지은이   박영욱
펴낸이   정은영

펴낸곳   (주)자음과모음
출판등록   2001년 11월 28일 제2001-000259호
주소   10881 경기도 파주시 회동길 325-20
전화   편집부 (02)324-2347 경영지원부 (02)325-6047
팩스   편집부 (02)324-2348 경영지원부 (02)2648-1311
e-mail   jamoteen@jamobook.com

ISBN 978-89-544-0841-7 (64100)

마르크스가 들려주는
자본론 이야기

박영욱 지음

|주|자음과모음

책머리에

프랑스의 철학자 사르트르는 '인간은 자유롭도록 선고받았다' 라고
말했습니다. 사람이라면 누구나 자유롭기를 원합니다. 만약 누군가가
여러분을 좁은 방에 가두어 놓고 한 발자국도 벗어나지 못하게 한다고
생각해 봅시다. 당연히 여러분은 갑갑함을 느끼겠죠? 갑갑함을 느낀다
는 것은 자유롭고 싶다는 뜻이지요. 이 세상이 우리를 구속한다면 어떨
까요? 세상으로부터 벗어나서 자유를 찾아가야 할까요? 우리가 자유
로운 세상으로 바꾸는 것은 어떨까요?

우리가 문제에 직면했을 때 문제로부터 도망치는 것이 아니라 문제가
발생한 근본 원인을 찾아 해결하는 것이 가장 좋은 방법일 것입니다.

산업혁명이 되면서 자본가들이 사회의 주도권을 가지게 되었고, 농
사일을 하던 농민들은 자본가 밑에서 임금을 받으며 일하는 노동자로
바뀌었습니다. 생산력은 높아지고 산업은 크게 발전하였지요. 그러나
많은 노동자들은 나쁜 작업 조건과 낮은 임금, 가난 속에서 생활해야

했고, 결국 자본주의사회 속에서 노동문제가 나타나기 시작했습니다.

칼 마르크스는 노동문제를 해결하기 위해서는 노동자들이 단체를 만들어서 자본가의 힘에 대항하고 혁명을 일으켜야 한다고 했습니다. 그리고 생산과 이윤을 똑같이 소유하고 나누어야 한다는 공산주의를 주장했습니다. 공동으로 일하여 생산하고, 똑같이 나누어 가지는 사회가 진정 평등한 사회라고 보았습니다. 노동문제가 나타난 사회 체제를 바꿈으로써 문제를 해결하고 사람은 자유롭게 살 수 있다고 보았습니다.

우리는 칼 마르크스가 당시 노동문제를 인식하고 공산주의 이념을 설립한 철학자 정도라고 생각해서는 안 됩니다. 칼 마르크스는 다른 철학자들과 다르게 현실에서 벗어나는 지혜를 말하지 않고, 인간은 현실에서 벗어날 수 없기 때문에 현실을 바꾸도록 노력하고 실천해야 한다고 말한 행동하는 철학자입니다.

여러분은 이제 마르크스의 사상을 배우며 이 세상을 어떻게 변화시켜야 할 것인가에 대한 생각이 들 뿐만 아니라, 이 세상을 변화시키는 실천의 중요성 또한 배우게 될 것입니다.

2008년 12월

박영욱

C O N T E N T S

프롤로그

"지긋지긋한 숙제! 도대체 언제까지 해야 다 끝나는 거야?"

태진이가 좋아하는 드라마 〈용궁〉이 시작할 시간입니다. 하지만 태진이 앞에는 아직도 산더미 같은 숙제가 쌓여 있습니다.

"엄마, 저 말인데요."

태진이 말이 끝나자마자 태진이가 무슨 말을 할지 안다는 듯 큰소리를 치십니다.

"너 지금 〈용궁〉 보고 나서 더 열심히 숙제하겠다고 말하려는 거지?"

'앗!'

태진이는 자신의 생각이 들킨 것 같아서 깜짝 놀랐습니다.

"그게 아니고……."

"그게 아니긴 뭐가 아니야. 네 생각이 훤히 다 들여다보여. 이 엄마 배 속에서 나온 자식인데 그 속을 모를 것 같니?"

이 말은 엄마가 자주 쓰는 말입니다. 그런데 곰곰이 생각해 보면 말이

안 되는 것 같습니다.

'내가 엄마 배 속에서 나왔다면 엄마가 내 속을 어떻게 들여다볼 수 있겠어? 나야말로 엄마 속을 훤히 들여다봐야 하는 거 아냐?'

이런 생각을 하고 있는 사이 태진이의 눈앞이 갑자기 하얗게 되면서 머리가 띵해집니다. 엄마의 꿀밤이 태진이의 이마를 향해 날아온 것입니다.

"야, 이 녀석아. 허튼 수작 부리지 말고 어서 가서 숙제나 해."

아직도 머리가 띵하고 몽롱한 상태여서 엄마의 말이 메아리처럼 귓속으로 퍼져 들어옵니다.

"알았어요."

태진이는 다시 방으로 들어갑니다. 방문을 닫는 순간 거실에 있는 텔레비전에서는 〈용궁〉의 주제가가 아련하게 들려옵니다.

이때 엄마의 목소리가 들립니다.

"저 녀석 〈용궁〉 보고 나면 분명히 졸려서 내일 아침에 할 거면서, 그 속을 누가 모를까 봐……."

태진이의 태도가 못마땅한 엄마가 중얼거립니다. 짜증이 난 태진이는 엄마의 혼잣말을 방문 밖으로 밀어내려는 듯 문을 콩 닫아 버립니다.

'아, 도대체 내가 하고 싶은 대로 하며 살 수는 없는 것일까?'

태진이가 듣도록 일부러 큰 소리로 혼잣말을 계속 합니다. 엄마도 평소에 〈용궁〉을 즐겨 보시지만 태진이 때문에 화가 났는지 드라마에 집중하지 못합니다.

"건미는 아무리 보고 싶은 드라마가 있더라도 꾹 참았다가 숙제부터 한다던데, 쟤는 누굴 닮아서 저러는 거야?"

"으악!"

태진이는 비명을 지릅니다. 건미의 이야기가 또 나왔습니다. 다른 아이 그것도 엄마의 친구 딸인 건미와 비교당하는 것은 정말 끔찍한 일입니다.

태진이는 화가 나서 미칠 지경이었지만 꾹 참고 숙제를 하기로 결심했습니다. 그렇지만 몇 분도 채 지나지 않아 졸음이 쏟아집니다. 잠시후 태진이 공책에 침 한 방울이 뚝 떨어졌습니다. 결국 태진이는 책상에 엎드리고 말았습니다.

자유란 더불어 사는 것

 인간은 오로지 의식적인 존재로서만 존재한다. 다시 말하자면
인간 자신의 생활은 인간에게 대상으로서 존재한다.

— 칼 마르크스

1 태진이의 상상

태진이가 눈을 떴습니다. 그런데 이게 어떻게 된 일일까요? 그곳은 태진의 방이 아니었습니다. 엄마의 잔소리도 들리지 않았습니다. 태진이의 눈앞에는 시원하게 탁 트인 바다가 펼쳐져 있었습니다. 태진이는 편안한 그물 침대에 누워서 시원한 음료수를 마시는 중입니다. 그물 침대 바로 앞에는 텔레비전도 있었습니다. 물론 텔레비전에서는 태진이가 그렇게 보고 싶던 〈용궁〉이 시작됩니다.

참으로 신기한 일입니다. 아무도 살지 않는 무인도 같은 곳에 텔레비전과 컴퓨터, 그리고 냉장고까지 있다니…… 냉장고 안에는 맛있는 과자와 음료수, 열대 과일들로 가득 차 있습니다. 가장 좋아하는 초콜릿도 있고, 신선한 생크림 케이크도 그득합니다. 태진이가 그토록 꿈꾸던 천국이 바로 눈앞에 펼쳐져 있는 것입니다. 태진이는 갑자기 이 모든 게 꿈이 아닌지 의심스러워졌습니다. 꿈이라면 차라리 빨리 깨는 것이 낫겠다고 생각하고 뺨을 세게 꼬집었습니다.

"아얏!"

너무나 세게 꼬집은 탓인지 뺨이 얼얼합니다. 하지만 기분이 더 좋아졌습니다. 꼬집어서 뺨이 아프다는 것은 꿈이 아니라 현실이라는 것을 의미하니까요.

"야호!"

태진이가 신나서 소리쳤습니다.

"아, 엄마의 잔소리도 이제 들을 필요가 없어. 숙제를 하지 않아도 되고, 지긋지긋한 학원에도 갈 필요 없어. 뒷자리에서 항상 내 뒤통수를 때리는 현달이를 만나지 않아서 너무 좋아. 나보다 어린 건미하고 비교하는 말도 듣기 싫었는데…… 이건 정말 신나는 일이야."

이때 더욱 신기한 일이 일어났습니다. 오늘 밤에 해야 할 〈용궁〉이 텔레비전에서 나오고 있었습니다. 어쩌면 다음 주 방영분까지 나올지 모른다는 기대가 생겼습니다. 역시 기대했던 대로 다음 주에 해야 할 〈용궁〉이 계속되었습니다. 잠시 다른 채널을 돌려 보았는데 온통 태진이가 좋아하는 프로그램이 많이 방영되고 있었습니다. 태진이는 신나게 텔레비전을 보다가 잠이 들었습니다.

다음 날 텔레비전은 여전히 켜져 있었습니다. 집에서는 있을 수 없는 일입니다. 만약 집에서 텔레비전을 켜 놓고 잠이 들었다면 엄마는 분명 이렇게 야단치셨을 겁니다.

"얘가 정말 미쳤구나. 밤새도록 텔레비전을 켜 놓으면 전기비가 얼마나 나오는 줄 알아? 이번 달 용돈 중 일부는 전기비 내는 데 보태도록 해."

이제 이런 꾸중을 들을 필요가 없습니다. 전기비 걱정을 해야 할 이유가 전혀 없으니까요. 왜냐고요? 이곳은 아무도 살지 않는 무인도인데다가 전기 코드를 꽂지 않아도 텔레비전이 작동하기 때문이랍니다. 세상에 이런 곳이 어디 있냐고요? 이곳은 태진이의 꿈속이랍니다.

아침이면 어김없이 들리는 엄마의 잔소리, 먹기 싫은 밥을 억지로 넘기고 학교로 향하는 무거운 발걸음, 강제로 해야 하는 자율학습. 예전에는 이 모든 것이 숨 막히는 구속처럼 느껴졌습니다. 태진이는 구속에서 벗어나 하고 싶은 대로 할 수만 있다면 얼마나 좋을까 하는 생각을 했었습니다. 그랬던 태진이가 마침내 자신이 원하는 세상을 얻게 된 것입니다.

태진이는 다시 〈용궁〉을 틀었습니다. 전에 보지 못했던 부분까지 보면서 또 하루를 넘깁니다.

땅거미가 지고 해가 기울었습니다. 파란 바다가 붉은 해를 꿀꺽 삼키는 풍경이 장관입니다. 마치 파란색 물감 위로 빨간색의 꽃가루가 번지다가 점점 사라지는 것 같았습니다. 태진이는 이런 멋진 광경을 처음 보았습니다.

그 순간 태진이는 자신도 모르게 소리를 질렀습니다.

"엄마, 건미야, 이것 좀 봐."

하지만 엄마와 건미는 그곳에 없었습니다. 아무도 태진이의 소리에 대꾸하지 않았습니다. 태진이의 외침은 공허한 메아리가 되어서 다시 태진이에게 돌아왔습니다.

"흐음."

그 순간 태진이는 공허함을 느꼈습니다. 자신에게 주어진 자유와 풍요로움이 너무나도 지루했기 때문입니다.

"에이, 이게 뭐야!"

태진이는 평소에 너무 좋아하지만 좀처럼 먹을 수 없었던 망고를 먹었습니다. 하지만 달콤한 망고의 맛이 느껴지지 않았습니다.

"엇? 이상하네. 맛있는 건지 모르겠어. 진짜 먹고 싶었는데 왜 별 맛이 없지? 아, 지루해. 뭐 재밌는 거 없을까?"

자연의 아름다움, 음식의 풍족함, 보고 싶은 드라마를 마음껏 볼 수 있는 자유로움. 이 모든 것이 태진이에게는 지루한 것으로 느껴졌습니다. 그리고 엄마의 잔소리처럼 평소에 구속이라고 느꼈던 것들이 그리워졌습니다.

아무도 자신을 간섭하지 않고 마음대로 할 수 있는 세상을 꿈꿔왔던 태진이는 이러한 자신의 감정이 믿기지 않았습니다.

공허함을 덮어 두고 태진이는 다시 텔레비전에 집중했습니다. 그러다가 잠 속으로 빠져들었습니다.

다시 날이 밝았습니다. 텔레비전에서는 여전히 태진이가 좋아하는 만화 영화가 방영되고 있었습니다. 하지만 이제 더 이상 만

화도 〈용궁〉도 재밌지 않습니다. 심지어 엄마의 잔소리가 듣고 싶었습니다. 바다 위로 펼쳐지는 멋진 일출의 순간을 혼자 보는 것은 재미가 없었습니다. 태진이는 누군가에게 소리치고 싶습니다. "저 떠오르는 태양 좀 봐"라고. 하지만 태진이에게 관심을 가져 줄 사람은 아무도 없었습니다.

태진이는 갑자기 무서운 생각이 들었습니다. 매일 내가 하고 싶은 것만 하고 산다면 과연 나는 행복할까? 아니면 내가 하고 싶은 것을 못하더라도 엄마의 잔소리를 들으면서 함께 사는 것이 더 좋을까?

예전에는 당연히 하고 싶은 일만 하면서 사는 것이 행복한 삶이라고 여겼습니다. 하지만 이제는 생각이 바뀌었습니다. 내가 하고 싶은 대로 할 수 있다 하더라도 나와 함께 할 다른 사람들이 세상에 없다면 결코 자유를 느낄 수 없다는 것을요.

갑자기 시간이 쏜살 같이 지나기 시작했습니다. 그러더니 한 달, 일 년이 눈 깜짝 할 새 지나갔습니다. 태진이의 모습은 털로 뒤덮인 짐승처럼 변해 버렸습니다. 거울에 자신의 모습을 비춰 본 태진이는 '으악!' 하고 비명을 질렀습니다.

그때였습니다. 태진이의 머리를 묵직한 것이 퉁 치는 느낌이 들었습니다. 그리고는 눈앞에 번개가 번쩍였습니다.

"야, 이 녀석아! 숙제 하라고 했더니 그 사이를 못 참고 졸고 있는 거니?"

엄마가 공책으로 태진이의 머리를 내리친 것입니다.

태진이는 정신이 번쩍 듭니다. 그리고 엄마를 쳐다봤습니다. 공책을 들고서 화를 내는 엄마의 모습이 다정하게 느껴졌습니다.

"아잉, 엄마!"

꿈에서 깬 태진이는 엄마의 구속을 벗어나서 혼자 사는 것이 자유로운 것만은 아니라는 사실을 느꼈습니다.

2 중력이 없으면 무게를 느끼지 못한다

밤이 많이 깊었지만 태진이는 할 수 없이 숙제를 해야 했습니다. 졸다가 엄마에게 들켰기 때문에 또 잠들었다가는 엄마의 잔소리를 귀가 따갑도록 들을 거예요. 내일 학교에서 들을 담임선생님의 잔소리까지도요.

태진이는 책상에 앉았지만 집중을 할 수가 없었어요. 자꾸만 꿈이 생각났거든요.

"아, 정말 이상하단 말이지. 내가 하고 싶은 걸 다 할 수 있었는데 갑자기 느껴지는 그 고독감은 뭘까?"

그때 엄마가 과일이 담긴 접시를 들고 태진이 방에 들어왔습니다. 엄마는 중얼거리는 태진에게 꿀밤을 때렸어요.

"이 녀석, 하라는 숙제는 안 하고, 또 뭐라고 하는 거야? 엄마 욕했지?"

"아니에요. 역시 엄마가 있어서 너무 좋아요. 헤헤."

꿈속에서 느꼈던 고독함이 엄마를 보는 순간 싹 사라졌어요. 태진이는 엄마처럼 든든하고 사랑하는 사람이 옆에 있어서 안심이 되었습니다. 그런데 단 한 명, 건미만은 제외였어요.

'흥, 넌 아웃이야!'

"헛생각 그만하고 빨리 숙제하고 자."

엄마는 과일 접시를 책상 위에 올려놓고 나가셨어요. 건미를 제외시킨다는 생각을 엄마가 눈치챈 것일까요? 태진이 머릿속을 다 꿰뚫고 있는 엄마가 무서워졌습니다.

태진이는 계속 궁금해 하였습니다. 하고 싶은 건 다 할 수 있는데 태진이는 왜 외로움을 느끼고 지겨워했을까 말이죠.

숙제를 하기 위해 가방을 열었는데 과학책이 보였습니다. 태진

이는 과학 시간에 배운 중력의 법칙이 생각났습니다.

"아! 중력."

선생님은 중력에 대해 열심히 설명하셨지만 태진이는 도무지 이해할 수 없었습니다. 그래서 부끄러움을 무릅쓰고 질문을 했습니다.

"선생님, 왜 지구에 중력이 있어서 사람들을 이렇게 불편하게 할까요?"

태진이의 엉뚱한 질문에 아이들이 키득키득 웃었습니다. 그러자 태진이는 볼멘소리로 말했습니다.

"그게 웃기냐? 생각해 봐. 중력이 없으면 우리는 날아다닐 수도 있고, 키도 몇 센티미터나 더 커지는데 왜 중력이란 게 있어서 우리를 날지도 못하게 하겠니? 선생님, 도대체 중력은 왜 있는 거예요?"

선생님은 태진이의 질문에 당황한 듯 고개를 흔들었습니다. 다시 태진이가 물었습니다.

"중력이 없으면 훨씬 좋을 거 같아요. 높은 공사장에서 일하는 아저씨들이 떨어져서 다치거나 목숨을 잃을 일도 없을 테고요."

"그건 말이지……."

선생님이 머뭇거렸습니다. 선생님은 어떻게 설명하면 좋을지 생각하고 있었습니다. 선생님이 머뭇거리는 사이에 태진이가 말을 이어갔습니다.

"만약 중력이 없다면 우리도 새처럼 날 수 있잖아요. 이 건물에서 저 건물로 뛰어다닐 수도 있고, 농구할 때도 멋진 덩크슛을 맘껏 할 수 있잖아요."

"맞아, 맞아."

아이들이 덩달아 맞장구를 쳤습니다. 친구들의 호응에 용기를 얻은 태진이가 계속 말했습니다.

"자유란 바로 그런 거 아닐까요? 새처럼 날 수 있고, 힘들이지 않고 이곳저곳을 마음대로 돌아다닐 수 있는 거 말이에요."

선생님께서 말문을 여셨습니다.

"그렇지 않단다. 중력이 없으면 자유롭게 떠다닐 수 있다고 생각하지만 그건 착각이야. 만약 중력이 없다면, 우리는 공중에 매달려서 자야 할 지 몰라. 생각만 해도 재미있겠는걸. 태진이가 박쥐처럼 매달려서 잠을 잔다는 상상을 하면 말이야."

아이들이 큭큭거리며 웃었습니다. 선생님께서 말을 계속 이어갔습니다.

"중력이 없다면, 무게도 없단다. 그리고 먹은 것도 제대로 소화가 되지 않을 거야. 그건 자유로운 것이 아니지. 생각해 봐. 아무런 구속이 없다면 자유로움도 느낄 수가 없잖니?"

아이들은 모두 고개를 갸우뚱했습니다. 선생님의 설명이 이해하기 어려웠기 때문입니다.

하지만 태진이는 선생님의 말씀을 이해할 수 있었습니다. 아무런 간섭이나 구속이 없는 상태를 자유롭다고 생각했었는데 그런 상태가 결코 자유가 아니라는 것을 태진이는 꿈속에서나마 깨달았기 때문입니다.

현실을 바꾸지 않고서는 결코 자유로울 수 없다

중력이란 지구가 물체를 지구 중심으로 잡아당기는 힘을 말합니다.

과학자 뉴턴은 이 세상의 모든 물체는 다른 물체를 잡아당기는 힘을 가지고 있다는 사실을 발견했습니다. 그 힘을 '인력'이라고 하지요. 여러분 책상 위에 놓인 지우개와 연필도 인력을 가지고 있습니다. 하지만 우리 눈에는 보이지 않죠. 그 이유는 간단합니다. 지우개와 연필의 인력은 강하지 않기 때문이지요. 하지만 지구는 크기가 큰 만큼 인력도 강하답니다. 그래서 지구는 대기권 내에 있는 물건들은 모두 잡아당깁니다. 우리가 땅에 발을 디딜 수 있는 것도 지구가 우리를 잡아당기고 있기 때문이랍니다. 높은 건물도 하늘로 날아가지 않고 꿋꿋하게 땅 위에 서 있을 수 있는 이유 또한 지구의 인력 때문이랍니다.

그럼 자유는 어떨까요? 자유라는 것은 중력이 없는 상태가 아닙니다. 그런 상태는 결코 존재할 수 없을 뿐더러, 설혹 있다 하더라도 정말 우

리가 자유롭다고 느끼는 상태가 아닌 것입니다.

칼 마르크스(Karl Marx)는 우리가 사유롭기 위해서는 사유롭시 않은 세계로부터 벗어나는 것이 아니라, 자유롭지 못한 현실을 바꿔야 한다고 주장한 독일의 철학자입니다. 우리에게는 공산주의 창시자로 알려져 있지만, 그것은 마르크스에 대해 깊이 알지 못한 데에서 비롯한 속단이랍니다.

마르크스는 인간이 어떻게 하면 자유로울 수 있는가를 고민한 철학자였습니다. 많은 철학자들이 같은 고민을 하였지만 마르크스에게는 다른 점이 있습니다. 많은 사상가들은 인간이 자유롭기 위해서는 자신을 구속하고 있는 현실에서 벗어날 수 있는 지혜가 있어야 한다고 믿었습니다. 하지만 마르크스는 인간은 결코 현실에서 벗어날 수 없다고 하였습니다. 이 세상에서 벗어난 자유는 애초에 불가능하다는 것이죠. 그것은 마치 현실의 중력을 무시하고 중력이 지배하지 않는 비현실적인 공간을 꿈꾸는 것과 마찬가지인 셈이죠. 마르크스는 이러한 비현실적인 공간은 존재하지 않는다고 보았습니다.

그렇다면 인간이 자유롭기 위해서는 어떻게 해야 할까요? 마르크스의 답은 단 하나랍니다.

인간이 자유롭기 위해서는 인간을 구속하고 있는 현실을 변화시키는 것입니다.

신은 인간을 구원할 수 없다

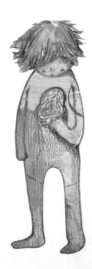

 모든 사회의 역사는 계급 투쟁의 역사이다. ― 칼 마르크스

1 신이 인간을 구원할 수 있는 존재라고?

오늘은 즐거운, 노는 토요일입니다. 태진이는 학교에 가지 않아도 되지요. 그런데 이게 웬 날벼락입니까? 태진이가 그렇게 싫어하는 건미가 아침부터 집에 놀러 온다는 겁니다. 태진이는 기겁을 했습니다.

"박태진! 오늘 건미랑 아줌마 오신다고 했으니까 방 좀 치워라. 방 꼴이 이게 뭐니? 하여간 쯧쯧. 건미 반의 반이라도 닮아라."

엄마가 건미와 계속 비교를 하고 핀잔을 줘서 태진이는 기분이

나빴습니다.

"그만 좀 해요. 만날 건미, 건미. 그렇게 건미가 좋으면 데리고 와서 같이 살던가! 난 아줌마랑 살면 되니까."

"듣던 중 반가운 소리다. 그런데 건미 아줌마가 좋아하지 않을 농담 같구나. 어서 가서 방이나 치워!"

태진이는 엄마의 성화에 못 이겨서 방 청소를 했습니다. 그리고 게임기를 치우려다가 건미 생각이 나서 가만히 두었습니다.

'후훗. 네가 공부는 잘할지 몰라도 게임에서는 나한테 안 된다는 거야. 오늘 어디 맛 좀 봐라. 히히.'

건미가 오면 항상 기분이 울적했는데 게임에서 건미를 이길 생각을 하니까 태진이는 저절로 웃음이 나왔습니다. 그리고 자신이 잘하는 게임을 눈에 띄는 곳에 두었습니다.

"어서 들어와."

"안녕하세요."

현관에서 시끌벅적거리는 소리가 들렸습니다. 건미가 온 것이 틀림없습니다. 건미가 집에 오면 언제나 시끄러워집니다. 태진이네는 딸이 없어서 건미가 오면 부모님이 무척 좋아하십니다. 거실로 나가 보니 역시 건미가 와 있었습니다.

"어이, 건미 왔냐?"

태진이가 껄렁껄렁한 자세로 건미를 불렀습니다. 그러자 머리 위에 별이 총총 떴습니다. 엄마가 또 꿀밤을 때렸거든요.

"애가 말하는 것 좀 봐. '어이'라니! 건미야, 착한 네가 이해해라. 우리 아들 녀석이 못나서 그래. 호호."

엄마는 태진이를 꿀밤 때리던 표정과는 다르게 방긋 웃으면서 건미에게 말을 건넸습니다. 그러자 건미는 환하게 웃으면서 말했습니다.

"아니에요. 아주머니. 태진아, 안녕. 오랜만이야."

"응, 그래. 오랜만이야."

'흥! 오랜만은 무슨 오랜만이야. 지난주에도 학교에서 봤잖아. 지겨워.'

모두들 거실에서 과일을 먹고 있었습니다. 하지만 건미의 목소리는 힘이 없고 과일도 먹는 둥 마는 둥 했습니다.

'쟤가 왜 저러지? 시험이라도 망쳤나?'

"건미야, 왜 그렇게 힘이 없어?"

태진이가 궁금해서 물었습니다.

"무슨 안 좋은 일이라도 있는 거야?"

"응, 실은 나랑 친한 친구의 부모님이 오늘 아침에 갑자기 돌아가셨대."

건미가 우울한 목소리로 대답했습니다.

"정말? 누구?"

태진이와 건미는 같은 학교를 다니기 때문에 서로의 친구들을 알고 있었습니다.

"너도 알거야. 미연이."

그때 태진이 엄마가 놀란 표정을 지으며 말했습니다.

"정말이야? 어떻게 그런 일이 있을 수 있어? 미연이라면 예전에 우리 태진이랑도 같은 반이었잖아. 그렇지 태진아?"

"네, 맞아요."

태진이는 고개를 떨구며 대답했습니다.

"정말 믿어지지 않는구나. 도대체 어쩌다가 그런 일을 당하신거니?"

"새벽 기도를 하러 교회에 가시다가 그만 차 사고가 나서 돌아가셨대요."

태진이는 미연이 부모님의 참변이 끔찍하기도 했지만, 갑작스럽게 부모님을 잃고 고아가 되어 버린 미연이를 생각하니 너무나 가여운 생각이 들었습니다.

"미연이가 많이 슬퍼하겠구나. 어린 아이가 그 큰일을 감당할 수 있을지 모르겠어."

태진이 엄마는 한숨을 쉬며 걱정하셨습니다. 태진이는 아무 말도 못하고 멍하니 서 있었습니다. 미연이는 태진이랑 짝을 했었던 친구라서 잘 알고 있거든요. 태진이가 미연이에게 장난도 많이 쳤는데…… 미연이는 그럴 때마다 화를 내지 않고 웃기만 했던 착한 친구였습니다.

"하나님이 미연이 부모님을 너무나 사랑하셔서 하늘나라로 데려가셨다고 미연이 할머니께서 그러셨대요. 너무나 훌륭한 분들이라서 그런 거래요."

건미의 말을 듣고 태진이 엄마가 말했습니다.

"그래 맞아. 그런 걸 거야. 틀림없이 하나님 곁으로 가신 거지."

태진이는 엄마의 말을 듣고 의문이 생겼습니다.

'사랑한다면 왜 데려가는 것일까? 하나님이 미연이 부모님을 사랑한다면 부모님이 제일 사랑하는 미연이를 끝까지 지켜 주게 해야 하지 않을까?'

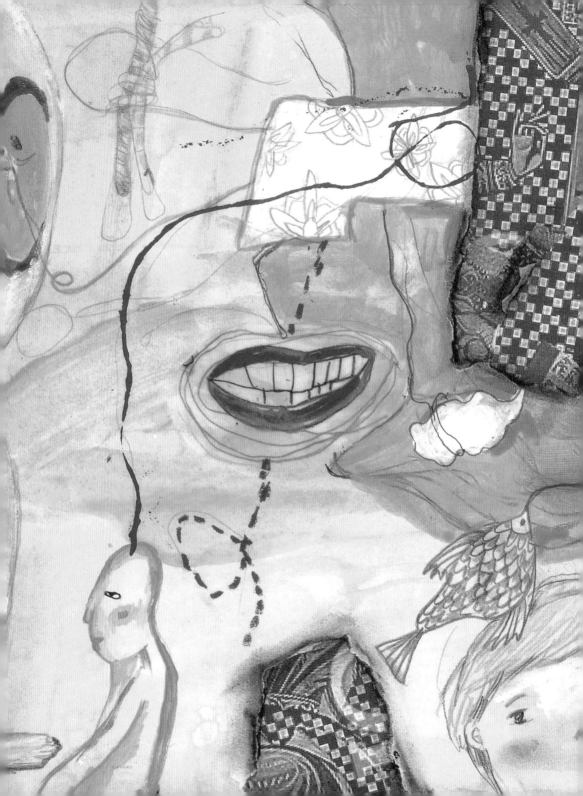

해결할 수 없는 질문이 태진이 머릿속을 떠나지 않았습니다. 게다가 예전 일이 떠올라서 더욱 혼란스러웠습니다.

언젠가 태진이의 큰아버지 식구들이 교회를 다녀오다가 교통사고가 날 뻔했다고 합니다. 그때 큰아버지께서 이렇게 말씀하셨습니다.

"모두 다 하나님의 도움이야. 우리가 교회를 다녀온 걸 아시고 죽음을 모면하게 해 주신 거지. 하나님를 안 믿었으면 어떻게 됐을까? 생각만 해도 끔찍하다니까."

미연이 부모님은 하나님이 사랑하셔서 자신의 곁으로 데려가고, 큰아버지 식구 또한 하나님이 너무나 사랑하셔서 죽을 고비를 넘기게 했다는 말을 이해할 수가 없었습니다.

아마 미연이 부모님이 가까스로 교통사고를 면했다면 사람들은 틀림없이 이렇게 말했을 겁니다.

"하나님을 열심히 믿어서 사고를 피할 수 있었던 거예요. 하나님이 미연이 부모님을 사랑하셔서 그 큰 사고로부터 목숨을 구해 주신 거지요."

이렇게 똑같은 이유인데 정반대의 결론이 났다는 것을 태진이는 답답하게 여겼습니다.

어떤 사람이 교통사고를 당해서 죽게 되었을 경우 신이 그를 사랑해서 데려갔다고 말하고, 반대로 가까스로 살아났을 경우에도 신이 그를 사랑해서 구해 주었다고 한다면 도대체 어떤 것이 맞는 말일까요? 태진이는 머리가 복잡했습니다.

정말로 신이 우리를 사랑하는 것일까요? 신은 우리를 구원해 줄 수 있는 전지전능한 존재일까요?

2 인간이 신을 창조하였다

"나 도저히 모르겠어."

"뭘 모르겠다는 거야?"

태진이가 궁금해 하자 엄마가 물었어요.

"정말 신이 구해 줬거나 신이 미연이 부모님을 데려갔다는 거예요? 원인은 같은데 결론은 다르네?"

태진이가 답답해서 가슴을 치며 말했습니다. 그러자 건미 엄마가 말했습니다.

"태진이는 종교가 없나 보구나. 기독교를 믿는 사람들은 신이 인간을 창조했다고 믿는단다. 그렇기 때문에 인간의 운명은 결국 신에게 달려 있다고 하는거야. 이 말이 태진이는 이해가 안 될 수도 있지."

"네. 정말 이해가 안 가요."

태진이는 머리를 긁적이며 말했습니다.

"미연이 부모님같이 선량한 사람이 교통사고를 당해서 죽는가 하면 악한 사람이 참변을 당할 위기에서 벗어나기도 해. 얼핏 보면 도무지 이해를 할 수 없는 일들이지. 만약 신이 인간을 사랑한다면 어떻게 이런 이치에 맞지 않는 일들이 버젓이 일어날 수 있겠니?"

"네! 제 말이 그 말이에요! 아, 역시 아줌마는 저랑 통하는 면이 있다니까요. 헤헤."

"그런가? 그런데 기독교를 믿는 사람들은 이렇게 말해. 모든 일에는 보이지 않는 신의 뜻이 존재한다고 말이야. 예전에 이런 일이 있었어. 늦잠을 잔 건미는 허둥지둥 학교에 가느라 아침을 못 먹고 등교를 했었지. 건미는 배가 몹시 고팠는데 그날따라 급식 시간에 건미가 싫어하는 생선 구이가 나온 거야. 평소 같으면 건미는 생선을 거들떠보지도 않았을 테지만 너무나 배가 고픈 나머지 생선을 모두 먹었어. 이 일을 계기로 건미는 생선을 싫어하는 편식이 없어졌어. 그 덕에 건미는 몸이 더욱 튼튼해졌어. 그래서 평소 싫어하던 체육 시간에도 열심히 운동을 했지. 그 이후 키도 훨씬 크게 됐단다."

건미 엄마의 말을 듣는 동안 태진이는 계속 고개를 끄덕였습니다. 옛날에는 건미가 생선을 안 먹었다는 것을 알고 있었거든요.

"건미가 늦잠을 자서 아침을 못 먹게 된 것은 아주 사소하고 우연한 일처럼 보일 수도 있어. 하지만 독실한 종교인들의 생각은 다르단다. 건미가 늦잠을 잤기 때문에 결국에는 편식 습관이 없어지게 된거야. 건미가 늦잠을 잔 것은 우연한 일이 아니라 건미의 편식 습관을 없애서 튼튼하게 성장하라는 신의 뜻이 숨어 있다는 것이지. 게으르고 정직하지 못 하며 꾀를 부리는 사람이 성공하는 것도 알고 보면 모두 다 깊은 뜻이 있다고 해. 결국 그런 사람들은 반드시 벌을 받기 마련이라는 것이지. 설혹 이 세상에서 벌을 받지 않고 유복한 삶을 살았다고 하더라도 결국 죽고 난 후에 그 죗값을 치른다고 말이야. 반대로 신을 믿고 경건한 삶을 산 사람들은 이 세상에서 안락한 삶을 살지 못했다고 하더라도 죽은 후에는 신이 곁으로 데리고 간다고 믿지. 그래서 이 세상에 일어나는 일에는 모두 신의 뜻이 있다고 말한단다."

"그럼 어떻게 신을 믿을 수 있어요? 눈에 보이는 것도 아니고, 만질 수 있는 것도 아닌데."

"신은 인간을 창조한 조물주이므로 당연히 우리의 삶은 신의 뜻에 달려 있다고 종교인들은 믿는단다. 그리고 언제나 신이 우리의 편에서 정의를 실현해 줄 것이라고 믿지."

옆에서 듣고만 있던 태진이 엄마가 말했습니다.

"성경에 보면 이런 이야기가 있어. 하나님의 순종자였던 이스라엘의 아브라함은 늦은 나이에 이삭이라는 아들을 얻었어. 너무나도 귀한 자식이어서 자신의 목숨과 바꿀 수 있을 정도였지. 그런데 어느 날 하나님이 아브라함에게 그의 아들인 이삭을 죽여서 자신에게 제물로 바치라는 명령을 했어."

"그래서요? 아들을 죽였어요?"

태진이 엄마의 이야기를 재미있게 듣고 있던 건미가 참지 못하고 물었습니다.

"아브라함은 하나님이 언제나 정의롭기 때문에 틀린 명령을 할 리가 없을 거라고 생각했어. 하지만 자신의 목숨보다 더 소중한 이삭을 제물로 받친다는 것은 아버지로서 상상조차 할 수 없는 일이잖니?"

"그러니까요."

"고민 끝에 아브라함은 이삭을 죽이기로 결심했어. 하나님이 그런 명령을 내린 데에는 분명 정의로운 뜻이 있을 것이라 믿은 것이지. 하나님은 인간의 창조주이자 아버지이므로 하나님의 명령은 절대적이라고 생각했으니까. 드디어 아브라함이 이삭을 죽이려고 하는 순간, 하나님은 아브라함의 진심을 아시고 아브라함에게 그의 믿음을 시험하려는 것이었다고 말해."

"에이, 시험 치곤 너무 무서운 시험이다."

태진이가 손사래를 치며 말했습니다.

"이것은 기독교를 믿는 사람들에게는 큰 의미가 있는 일화야."

"왜요?"

건미가 눈을 동그랗게 뜨고 물었습니다.

"왜냐하면 하나님은 언제나 정의로우며 결코 부정한 명령을 하지 않기 때문에 하나님의 말을 반드시 믿고 따라야 한다는 것을 의미하기 때문이지. 그런데 마르크스는 이러한 기독교인의 생각이 어리석다고 보았어. 마르크스는 구약 성경에 나오는 아브라함

의 후손인 유대인임에도 불구하고 기독교를 신랄하게 비난한 데는 그 이유가 있었지."

"아, 마르크스가 유대인이었군요."

"신은 인간이 만든 상상의 존재에 불과하다고 마르크스는 말했어. 즉, 신이 인간을 창조한 것이 아니라 인간이 신을 창조했다는 것이지."

"그럼 인간은 왜 신을 만들었어요?"

"인간이 신을 창조한 이유는 아주 간단해. 이 세상에는 정의롭지 못한 일이 너무 많이 일어나잖아. 미연이 부모님처럼 선량한 사람들이 허무하게 죽는가 하면, 비도덕적이고 몰인정한 사람들이 성공하기도 해. 너무나 불공평하지 않니? 그래서 사람들은 '분명 저런 사람들은 살아 있는 동안에는 복을 누리는 것처럼 보이지만 죽어서는 벌을 받게 될 거야'라는 생각을 하게 되는 거지. 그래서 인간은 죽어서 사라지는 것이 아니라 죽은 후에도 다른 세계에 살게 되며, 그 세계를 다스리는 신이 있다고 믿어. 너희들도 한번 생각해 봐. 태진이랑 건미가 사랑하는 사람들이나 자신이 죽게 되었을 때 정말로 그 삶이 끝난다고 생각하면 막막할거야. 그래서 죽은 후에도 다른 세계가 있다고 믿는 것이 조금이나마 위안이 되

겠지. 그렇기 때문에 사람들은 종교를 믿고 신이라는 존재를 믿게
되는 거란다."

인간만이 인간을 구원할 수 있다

마르크스가 말했듯이 종교는 인간이 자신의 삶에 대해서 불안을 느끼기 때문에 만들어낸 허상에 불과합니다. 신 또한 마찬가지고요. 그러나 인간이 만들어낸 신을 인간 스스로가 주인으로 여긴다는 것은 모순이라고 볼 수 있습니다. 인간들은 삶에 대한 불안을 덜기 위해서 신을 만들었기 때문에, 신의 창조주는 인간입니다. 하지만 인간은 스스로 신의 노예가 되려고 합니다. 신을 위해서 목숨을 바치기도 하고 전쟁을 일으키기도 합니다. 마르크스는 이것보다 더 모순된 일은 없다고 보았습니다. 인간들은 신이 언젠가는 우리를 구원해 줄 것이라고 믿습니다. 마치 아브라함처럼 신은 절대적으로 옳으며 항상 정의롭다는 것을 굳게 믿습니다. 마르크스는 이런 믿음을 의심하였습니다.

"신은 과연 정의롭지 못한 세상과 타락 그리고 전쟁의 공포와 살인 등으로부터 우리를 구원해 줄 수 있을까?"

마르크스는 결코 신이 인간을 구원할 수 없다고 했습니다. 신이 우리를 구원해 줄 것이라 믿고 종교에 의지하는 것을 비겁한 행동으로 보았습니다. 자신만 잘 살자고 다른 사람의 목숨이나 재산을 함부로 여기는 사람들은 결국 죽어서 벌을 받게 될 것이라고 믿는 것은 그들을 내버려두는 것이나 다를 바가 없다고 마르크스는 말했습니다.

이런 점에서 마르크스는 종교란 인간을 나약하게 만들 뿐이라고 여겼습니다. 사람들이 현실을 바꾸려 하지 않고 신의 힘에 기대는 것은 결국 정의롭지 못한 현실을 그대로 방치하는 것이라고요.

마르크스는 만일 신이 존재한다면 그것은 기독교의 하나님과 같은 모습이 아닌 그리스 신화에 나오는 프로메테우스와 같은 존재여야 한다고 믿었습니다. 프로메테우스는 그리스 신화에 나오는 인물입니다. 그는 지상에서 고생을 하는 인간을 안쓰럽게 여겼습니다. 그래서 인간에게 불을 가져다 주었습니다. 당시 불은 신만이 가질 수 있던 것으로 인간에게 주어서는 결코 안 되는 것이었습니다. 만일 이를 어길 시에는 큰 벌을 받아야 했습니다. 프로메테우스는 그러한 사실을 알면서도 인간에게 불을 가져다 주었습니다. 인간은 프로메테우스가 가져다 준 불을 이용

하여 음식을 데우고, 집도 따뜻하게 보온할 수 있었으며, 농기구와 무기를 만들 수 있었습니다.

하지만 인간이 누린 이 풍요로움의 대가를 프로메테우스가 치러야 했습니다. 신 중에서도 최고의 신인 제우스는 프로메테우스를 신임하였으나 어쩔 수 없이 형벌을 내려야 했습니다. 제우스는 프로메테우스를 코카서스 산의 바위에 묶고 독수리에게 그의 간을 쪼아 먹게 하였습니다. 그것은 너무나도 고통스러운 벌이었습니다. 더욱 끔찍한 것은 독수리에게 간을 먹히고 나면 또 다시 간이 생겨나고 다시 독수리가 와서 같은 고통을 주었기 때문입니다.

마르크스는 프로메테우스와 같은 신이야말로 인류를 위해 공헌하고 세상을 구원할 수 있는 신이라고 믿었습니다. 마르크스는 하나님이 프로메테우스와 같은 신은 아니라고 보았습니다. 그리고 우리가 알고 있는 신은 마르크스가 언급한 프로메테우스와는 다릅니다. 신은 결코 인간을 위해서 자신의 몸을 희생하는 존재가 아닙니다. 오히려 우리가 항상 몸을 낮추고 신을 경배하지요.

마르크스가 보기에 프로메테우스와 같은 신은 존재할 수 없었습니다.

그래서 마르크스는 프로메테우스가 신이 아니라 인간이라고 생각했습니다. 인간을 구원할 수 있는 프로메테우스는 하나님과 같은 신이 결코 아닙니다. 그것은 바로 우리들 자신입니다.

마르크스는 이렇게 생각합니다.

"종교란 우리를 나약하게 만들 뿐이야. 종교를 통해서 해결되는 것은 아무것도 없어. 다만 심리적인 위안을 얻을 뿐이지. 하지만 심리적인 위안에만 안주한다면, 현실을 바꾸고 해결하려는 진정한 구원의 노력은 하지 않게 될 거야. 우리 인간을 구원할 수 있는 것은 오로지 우리들 자신뿐이야."

3

문제는 세계를 바꾸는 것이다

 철학자들은 세계를 단지 '해석' 했을 뿐이다. 중요한 것은 그것
을 '변화' 시키는 일이다.

— 칼 마르크스

1 구세군은 결코 구세주가 아니다

태진이와 건미는 방으로 들어갔습니다. 태진이는 게임이라도 해야지 답답한 속이 풀릴 것 같았거든요.

"태진아, 내가 좋아하는 그 게임 없어? 왜 다 이런 것 뿐이야?"

"없어."

태진이는 딱 잘라 말했습니다. 건미는 태진이가 거짓말하는 것을 눈치챘습니다.

"우리 게임 하지 말고 밖에 나가서 놀래? 곧 있으면 크리스마스잖아. 카드를 사야 할 것 같아."

"응, 그래."

태진이는 건미에게 자신이 잘하는 게임을 보여 주지 못해서 아쉬웠습니다.

"엄마, 저희 나갔다 올게요."

"조금 있으면 점심 먹을 건데 어디 가려고?"

주방에서 점심 준비를 하던 엄마가 태진이를 향해 소리를 질렀습니다.

"크리스마스카드를 사려고요. 태진이가 좋아하는 크리스마스 선물도 고르면 좋을 것 같아요."

"뭐? 내 선물?"

건미 뒤에 서 있던 태진이가 방긋 웃으면서 물었습니다. 그러자 건미는 조용히 하라는 신호를 보내며 눈살을 찌푸렸습니다.

"쉿! 조용히 말해."

"그래. 알았으니까 일찍 들어와. 어두워지기 전에는 들어와야 한다."

"네."

건미와 태진이는 크리스마스카드를 사기 위해서 시내로 향했습니다.

크리스마스는 건미와 태진이의 마음을 들뜨게 했습니다. 거리에 들리는 크리스마스 캐럴은 태진이를 더욱 설레게 했습니다. 거리를 지나는 사람들도 모두 들떠 있는 것 같았습니다. 날씨는 무척 추웠지만, 사람들의 얼굴에서는 따뜻함이 느껴졌습니다. 추위에 불그스레해진 뺨까지도 크리스마스를 맞는 기쁨으로 흥분된 모습처럼 보였습니다.

"태진아, 나는 예쁜 카드를 많이 사고 남는 돈으로 수첩하고 볼펜을 살 거야."

건미가 신이 나서 태진에게 말했습니다.

"나는 카드 사고 남는 돈을 저축했다가 돈이 많이 모이면 게임 CD를 살거야."

태진이가 대답했습니다. 건미는 돈을 저축하기보다 쇼핑하는 것을 좋아합니다. 반면에 태진이는 꼭 필요한 것 외에는 돈을 잘 쓰지 않고 저축을 합니다.

"태진이 너 또 나한테 수첩 하나만 사 달라고 그럴 거지?"

건미가 태진이를 째려보며 말했습니다.

"아냐, 그렇지 않아. 하지만 굳이 네가 나한테 하나 사 주고 싶다면 말리지는 않겠지만 말이야. 헤헤."

태진이가 장난스럽게 대답했습니다.

시내를 걷다 보니 구세군 종소리가 들렸습니다.

"우리 곁에 힘들어 하는 이웃이 있습니다. 우리 모두 불우한 이웃을 도웁시다."

빨간색 구세군 복장을 한 아저씨께서 종을 흔들며 외쳤습니다. 그 모습을 본 건미가 무엇인가를 다짐했나 봅니다.

"나 카드 살 돈만 남겨 놓고 모두 구세군에 기부할 거야."

"건미야, 그러지 마. 다 부질없는 일이야."

태진이가 건미를 말렸습니다.

"불우 이웃을 돕겠다는 것이 어째서 부질없다는 거야? 난방도 없이 추위에 오들오들 떨고 있을 사람들을 생각해 봐."

건미가 태진이를 나무라듯이 말했습니다. 하지만 태진이 생각에는 건미의 행동이 충동적으로 보였습니다.

"너의 뜻은 좋지만, 꼭 그렇게까지 할 필요는 없어. 다시 한 번 더 생각해 봐."

태진이의 말이 끝나기도 전에 성격 급한 건미는 이미 구세군 아저씨에게로 향하고 있었습니다.

"아저씨. 여기요."

건미는 쑥스러워 하며 구세군 아저씨에게 돈을 건넸습니다.

"정말 착하구나. 고맙다."

구세군 아저씨는 건미를 칭찬했습니다. 그 말을 들은 건미는 오히려 쑥스러웠습니다. 칭찬을 들으려고 한 일은 아닌데 다른 사람들이 오해를 할까 봐 조심스러웠습니다. 그러면서도 한편으로는 뿌듯함을 느꼈습니다.

"태진아, 너도 좀 도와. 구세군 냄비가 썰렁하더라. 정말 요즘 사람들은 다른 사람들을 도울 줄 모르나 봐."

"건미야, 난 구세군 냄비에 돈을 내고 싶지 않아."

태진이가 조심스럽게 말했습니다. 어쩌면 자신의 태도가 다른 사람들에게 비난을 받을지도 모른다는 생각이 들었습니다. 하지만 태진이는 자신이 생각하는 대로 분명하게 말했습니다.

"이 추운 겨울날 난방도 되지 않는 방에서 먹을 것 없이 벌벌 떨며 지낼 사람들이 가엾지도 않니?"

건미는 태진이를 쏘아보며 말했습니다.

"물론 불쌍하지. 하지만 몇 푼의 돈을 적선하는 게 그들을 돕는 것은 아니라고 생각해."

태진이가 말했습니다.

"오히려 적선하는 것은 사람들을 의존적으로 만들 수 있어. 그것보다는 자립적으로 일어서는 방법이 필요해."

태진이의 말에 건미가 이해할 수 없다는 표정을 지었습니다.

사실 태진이가 이렇게 말하는 데는 이유가 있습니다. 독립심이 강하고 원칙을 중요하게 여기는 태진이 아빠의 영향 때문입니다.

어느 날 아빠와 엄마 그리고 태진이는 집 근처 식당에서 저녁을 먹었습니다. 음식을 주문하고 기다리는 동안 초라한 행색의 청년이 음식점 안으로 들어왔습니다. 그 청년은 직장도 없고 몸도 불편하니 도와달라고 간청했습니다.

하지만 태진이 아빠는 단호했습니다.

"미안하지만 저는 도와줄 수가 없습니다."

청년은 아무 말 없이 식당을 나갔습니다.

"나는 저런 사람들을 도와줘서는 안 된다고 생각해. 저들은 스스로 자신의 문제를 해결할 수 있어야 해. 그렇지 않으면 영원히 다른 사람들한테 기대려고만 할거야. 그래서 몇 푼의 돈을 주는 것은 결코 그들을 돕는 것이 아니야."

"그래도 그렇게까지 매몰차게 대하는 것은 너무 냉정한 거 아니

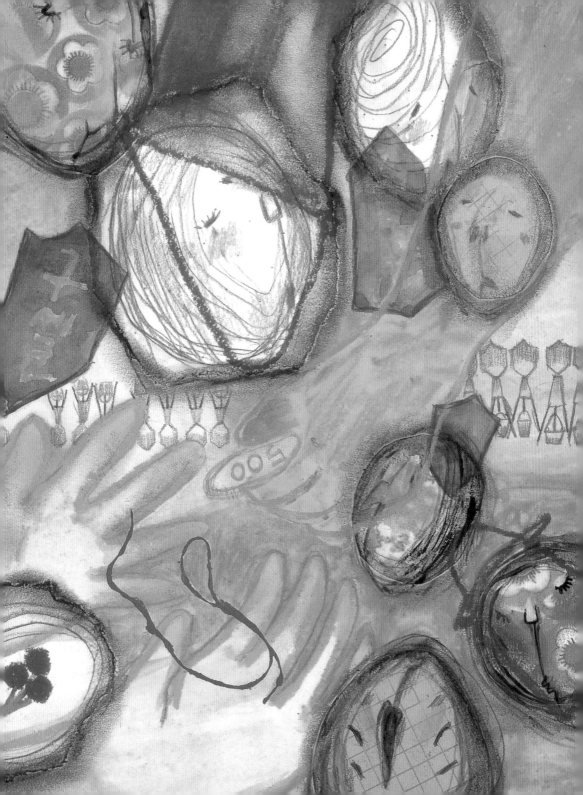

에요? 아빠."

"잘 생각해 봐. 저런다고 문제가 해결될까? 멀쩡하게 일을 할 수 있는데도 일할 생각은 안 하고 다른 사람들의 도움을 기다리고만 있잖아."

태진이와 엄마는 아빠를 설득하고 싶었지만 아빠의 입장이 너무 단호했기 때문에 결국 아무 말도 꺼내지 못했어요.

하지만 시간이 갈수록 태진이는 아빠의 말을 이해할 수가 있었어요. 식당, 지하철, 길거리마다 그 청년과 같은 사람들이 많이 보였기 때문이에요. 태진이는 자꾸 그들에게 돈을 주는 것은 그런 사람들을 더 많이 생기게 할 뿐이라는 생각이 들었어요. 그렇기 때문에 돈을 주는 것은 최선의 방법이 아니라는 생각을 하게 된 것입니다.

"태진아, 그래도 불쌍한 사람들을 도와주는 건 당연한 일이잖아. 비록 수첩이랑 볼펜은 못 사더라도 마음이 뿌듯해."

건미는 정말 기분이 좋아진 것 같았어요.

"건미야, 네 말도 맞지만……."

태진이는 말끝을 흐렸습니다.

"저 돈으로 실업자들을 도울 것이 아니라 일자리를 만드는 데 쓰는 것이 더 효율적이지 않을까?"

건미는 태진이의 말을 이해할 수 있을 것 같았습니다.

2 사회 구조를 바꿔야 한다

"아, 배고파. 엄마, 우리 밥 먹어요."

시내에서 돌아온 태진이와 건미는 너무 배가 고팠는지 식탁에 허둥지둥 앉았습니다. 태진이 엄마는 따뜻한 국을 떠서 건미와 태진이 앞에 놓았습니다. 갑자기 건미가 태진이 엄마에게 질문을 했습니다.

"아주머니, 원래 태진이가 그렇게 냉정해요?"

"그게 무슨 말이니?"

"저는 구세군 냄비에 돈을 넣었는데, 태진이는 그걸 싫어하더라고요."

"아, 태진이가 아빠를 닮아서 그래."

"음, 얘기는 들었지만 그래도⋯⋯."

건미는 말끝을 흐렸습니다. 건미 엄마가 식탁에 앉으면서 말했습니다.

"예쁜 카드는 많이 샀어?"

"응!"

건미는 예쁜 카드 생각에 신이 나서 말했습니다.

"건미야, 구세군은 참 좋은 일을 하는 것 같지?"

"그럼요. 어려운 사람들을 도와주잖아요."

"구세군은 빈민층을 돕기 위해서 봉사 활동을 한단다. 모금 활동을 통해서 어려운 사람들을 경제적으로 도와주기도 하지. 특히 크리스마스가 있는 연말에는 구세군이 더욱 바빠져. 겨울이 되면 거리에서 모금함 냄비를 앞에 두고 종을 치는 구세군 아저씨를 볼 수가 있잖니? 그런데 엄마가 얘기했던 마르크스라는 사상가는 구세군의 역할을 비판했어."

"왜요? 어려운 사람을 도와주는데 왜 비판을 해요?"

"마르크스가 사회 빈민층과 소외 받는 사람들을 돕는 것 자체를 비판한 것은 아니란다. 마르크스는 사회 빈민층의 문제를 해결하기 위해서는 약간의 돈을 지급하는 것보다 더 우선한 문제가 있다고 생각했어."

"그게 뭔데요?"

태진이가 국을 뜨다 말고 물었습니다.

"이 이야기를 들어 봐. 어느 산골에 사는 아이들은 공놀이를 하는 데 문제가 있었어. 평지 한 귀퉁이에 아주 좁은 구멍이 있었거든. 조심하지 않으면 공이 구멍으로 빠질 수 있었어. 그 구멍은 너무 좁고 길어서 공이 일단 그 곳으로 빠지면 도저히 꺼낼 수가 없었단다. 하지만 아이들이 조심해서 공을 차도 구멍으로 들어가는 것은 어쩔 수가 없었어. 공이 구멍에 빠지면 다시 사야 했지만 산골 마을은 형편이 좋지 않아서 아이들이 돈을 모으기는 쉽지 않았지. 그래서 공 대신 깡통을 차고 놀기도 했지. 하지만 깡통은 위험할 뿐더러 제멋대로 굴러다녀서 아이들은 재미가 없었어. 결국 돈이 모이기를 기다릴 수밖에 없었단다. 그래서 한 아이가 제안을 했지. '우리 모두 공이 빠지지 않도록 저 구멍을 메우는 건 어떨까?' 하고 말이야. 그러자 다른 한 아이가 말했어.

'저 깊은 구멍을 어떻게 메우겠다는 거야?'

'주변에서 흙을 담아서 그곳에 넣는 거야.'

다들 내키지는 않았지만, 아이들은 한번 해 보기로 했단다. 그래서 자루에 흙을 채우고 열심히 날라서 구멍을 메우기 시작했어. 처음에는 아무리 흙을 부어도 메울 수 없을 것 같던 구멍이 점점 차오르기 시작했어. 아이들은 매일 두세 시간 씩 그 일을 했어. 5일째가 되는 날, 구멍은 완전히 메워졌단다. 아이들은 더 이상 공이 구멍에 빠질 걱정을 하지 않고 마음껏 놀 수가 있게 된 거야.”

“아줌마, 이야기는 재밌는데요, 그거랑 구세군이랑 무슨 상관이에요?”

이야기를 듣고 머리가 더 복잡해진 태진이가 건미 엄마에게 물었습니다.

“어떤 문제가 생겼을 경우 그것을 해결하기 위해서는 문제가 발생한 근본적인 원인을 찾아 해결해야 한다는 뜻이야. 가난은 빈부의 격차가 그 원인이란다. 너희들도 알고 있겠지만, 우리나라에서 버려지는 음식 쓰레기를 절약한다면 기아에 허덕이는 많은 사람들을 구할 수가 있어. 마르크스는 기아와 빈곤이 결코 생산량의 부족에서 발생한다고 생각하지 않았어. 기아와 빈곤은 부의 불균

형에서 비롯된다고 믿었지. 이 지구상 어느 곳에는 남은 음식물이 버려지는 반면에 또 다른 곳에서는 갓난아이들이 먹을 것이 없어서 굶어 죽는 사례도 있잖니. 이런 일이 왜 생기는 걸까?"

"음…… 뭔가 잘못된 것은 알겠는데, 왜 그런 문제가 생기는지는 모르겠어요."

"도움이 필요한 사람들에게 식량을 지원하고 의료품을 보내는 것이 결코 잘못된 일은 아니란다. 하지만 좀 더 냉정하게 문제를 생각해 보면 기아와 빈곤은 그들이 결코 게을러서 생기는 건 아니야. 분명 사회는 풍족한데 어떤 사람들은 먹지 못해서 죽을 정도로 빈곤에 시달리는 것이 문제라고 마르크스는 말했어. 그리고 그 원인이 무엇인지 알아야만 해결할 수 있다고 했지. 그리고 마르크스는 해결 방안을 찾는 것을 자신의 평생 과업으로 삼았어."

3 돈을 많이 가진 사람이 돈을 번다

태진이와 건미가 저녁을 다 먹었을 즈음에 태진이의 형 태성이가 학원을 마치고 집에 돌아왔습니다. 태성이도 건미와 어렸을 때부터 알고 지낸 사이라서 어색하지 않았습니다.

"어, 건미 왔니? 너는 갈수록 예뻐지는구나. 벌써 사춘기는 아니겠지?"

태성이가 가방을 내려놓으며 말했습니다. 건미는 얼굴이 빨개졌습니다.

태성이는 태진이보다 세 살이 많은 형입니다. 중학생인 태성이는 때때로 태진이와 건미의 돈을 교묘한 방법으로 가져갑니다. 명절날 태진이의 용돈이 두둑하게 생겼을 때가 좋은 기회지요. 태성이는 태진이의 돈이 곧 자신의 것이 되리라는 기대를 합니다. 형에게 돈을 자주 빼앗겼던 태진이는 형이 자신의 돈을 가져갈까 봐 항상 경계하고 있습니다.

태성이는 집에 오자마자 태진이와 건미를 불렀습니다.

"우리 홀짝 게임하자."

"동전 없는데."

형의 속셈을 눈치챈 태진이가 말했습니다. 그러나 순진한 건미는 게임할 생각에 신이 나서 동전을 바꿔 왔습니다. 눈치도 없이 태진이의 동전까지 가져오는 바람에 태진이는 할 수 없이 형과 게임을 하게 되었습니다. 태성이는 2만 원이 넘는 돈을 가지고 있었습니다. 그리고 태진이와 건미에게는 고작 천 원이 전부였어요.

이번에는 홀짝 게임입니다. 태진이가 먼저 동전을 손에 쥐었습니다. 태성이는 천원을 내기에 걸었습니다. 그리고 '홀'이라고 외쳤습니다. 태진이가 손을 펴서 동전을 세어 보니 동전의 개수는 짝수였습니다. 태진이가 천 원을 얻게 되었습니다. 다시 태진이가 동전을 쥡니다. 태성이는 이번에 2천 원을 내기에 걸었습니다.

"홀!"

하지만 태진이의 손에 담긴 동전의 개수는 짝수였습니다. 태진이는 내기가 불안했지만 한편으로는 기분이 좋았습니다. 형에게 3천 원을 땄기 때문입니다. 하지만 태진이의 슬거움은 오래가지 못했습니다. 결국 건미도, 태진이도 홀짝 게임에서 져서 돈을 잃고 말았기 때문입니다.

건미와 태진이는 태성이의 내기에 석연치 않은 구석이 있다고 생각했습니다. 태진이는 형에게 따졌습니다.

"이건 정당한 게임이 아냐."

그러자 건미가 말했습니다.

"돈이 많은 사람이 내기에 마음껏 돈을 거는 것을 잘못이라고 할 수 있을까?"

태성이가 말했습니다.

태진이가 보기에도 겉으로는 아무런 문제가 없어 보입니다. 태성이는 자신이 가지고 있는 만큼 내기에 돈을 걸었을 뿐입니다. 하지만 건미와 태진이가 태성이에게 뭔가 당한 것 같다는 느낌을 받게 되는 것은 왜일까요?

애초부터 태성이는 태진이나 건미보다 스무 배나 많은 돈을 가지고 있었습니다. 그 돈을 가지고 여러 번 게임을 시도할 수 있고, 돈을 딸 수 있는 기회도 많이 갖을 수 있었던 것이지요. 결국 겉으로는 공정해 보이지만 이 게임은 결코 공정한 게임이 아니랍니다.

자본주의 자유경쟁과 씨름의 체급

자본주의사회는 자본을 가진 사람이라면 누구나 자신의 자본으로 마음껏 경제활동을 할 수 있는 사회를 말합니다.

마르크스는 돈이 있는 사람이 계속해서 돈을 벌고 가난한 사람은 더욱 가난해지는 것이 이런 사회의 구조 때문이라고 보았습니다. 자본주의사회는 자유로운 경쟁을 바탕으로 하는 것처럼 보이지만, 잘 보면 눈에 보이지 않는 구조적인 모순이 존재한다고 했습니다. 그것은 마치 돈을 많이 가지고 있는 태성이가 태진이와 건미의 돈을 딸 확률이 높은 것과 같은 것입니다. 그 모순이라는 것은 돈 그러니까 자본이 많은 사람이 자본이 적은 사람보다 유리할 수밖에 없는 현실이라는 것입니다.

이것은 씨름이나 레슬링과 같은 체급별 경기에서 체급의 제한을 없애는 것과 같은 이치입니다. 레슬링이나 유도 혹은 태권도와 같은 시합은 체급별로 나누어서 경기를 진행합니다. 체급별로 나누지 않으면 체격이

크고 몸무게가 많이 나가는 사람이 경기에서 절대적으로 유리하기 때문입니다. 씨름에서 체급이 없다면 거구의 씨름 선수가 무조건 유리할 것입니다. 체구가 작은 선수가 경기에서 이길 수 없는 것은 아니지만 씨름이라는 운동의 특성상 체구가 크고 몸무게가 많이 나가는 선수가 절대적으로 유리한 것은 사실입니다. 권투의 경우에도 체급이 없다면 헤비급 선수들 중에서 세계 챔피언이 나올 가능성이 높을 것입니다. 이것이 공정한 규칙이라고 할 수 있을까요?

자본의 크기에 구애를 받지 않고 자유롭게 경제활동을 할 수 있는 자본주의사회는 체급 없는 씨름 경기와 같습니다. 왜냐하면 많은 자본을 가진 사람이 그렇지 못한 사람들보다 절대적으로 유리하기 때문입니다.

이러한 이치는 국가 간의 관계에서도 잘 나타납니다. 자본이 많은 국가는 자국의 자본을 이용하여 경쟁력 있는 가격의 상품을 팔 수 있답니다. 반면 가난한 나라들은 기술이 부족하기 때문에 싼 가격으로 물건을 만들어낼 수 없을 뿐더러 제품의 품질도 떨어지기 마련이랍니다. 그래서 가난한 나라는 자국의 기업이 강대국의 경쟁력 있는 상품에 밀리는 것을 방지하기 위해서 수입을 제한하려고 합니다.

하지만 부유한 국가들은 자국의 산업을 보호하기 위해서 수입을 제한하는 것은 악법이고 공정하지 못한 거래라고 비난합니다. 약소국이 자국을 보호하기 위해서 시행하는 법이 강대국에는 불리하게 적용되기 때문이지요. 세계에서 막강한 영향력을 행사하고 있는 강대국 때문에 세계 무역 시장은 약소국가가 자국 보호 정책을 펴지 못하는 방향으로 가고 있습니다. 상대적으로 경제적 규모가 작고 가난한 우리나라가 미국과 무역마찰을 빚는 것도 이런 문제 때문이랍니다.

마르크스는 이러한 사태를 이미 오래전에 예견했습니다. 그는 자본주의사회의 근본적인 구조가 바뀌지 않는 이상 이런 문제는 해결되지 않고 끊임없이 반복될 것이라고 말했습니다.

4

역사의 근원은 노동이다

 노동의 가치는 노동력의 가치로 귀착되며, 노동력을 유지하고
재생산하는 데 필요한 생활필수품의 가치에 의해 결정된다.

— 칼 마르크스

1 꿀벌의 노동과 인간의 노동

돈을 많이 딴 태성이는 건미와 태진이에게 미안했는지 태성이의 컴퓨터를 쓸 수 있도록 허락해 주었습니다.

"형, 고마워."

형은 게임을 좋아하는 태진이에게 컴퓨터를 잘 내주지 않습니다. 그런데 오늘을 특별히 태진이와 건미에게 컴퓨터를 양보했습니다.

인터넷 창을 열자 팝업 광고가 떴습니다. 그런데 태진이와 건미는 그 광고에서 눈을 뗄 수가 없었습니다.

광고에서는 수많은 꿀벌들이 웽웽대며 이리저리 날아다녔습니다. 무언가를 열심히 만드느라 분주해 보입니다. 그리고 곧 그 형태가 나타나기 시작했습니다. 그것은 아주 정교한 모양의 벌집이었습니다. 육각형 모양의 구멍으로 오밀조밀하게 짜여진 예쁜 벌집이 완성되었습니다.

어른 꿀벌들이 열심히 만든 벌집에는 어린 꿀벌들이 들어가 쉬고 있었습니다.

태진이는 벌에 관한 책을 읽은 적이 있습니다. 그래서 벌집에 관해서도 잘 압니다. 벌집에는 프로폴리스라는 물질이 들어 있는데, 이 물질은 나쁜 균의 침입을 차단하는 항균제가 들어 있습니다. 그래서 벌집에는 곰팡이, 세균, 바이러스 등이 절대로 침투할 수 없다고 합니다.

그리고 꿀벌은 훌륭한 일꾼입니다. 완벽한 건축물을 만들어내는 훌륭한 건축가이기도 합니다. 아무리 솜씨 좋은 건축가라고 하여도 꿀벌처럼 빠르고 능숙하게 훌륭한 집을 만들 수는 없을 테지요. 벌집을 짓는 꿀벌을 보고 있으면 그 솜씨에 절로 감탄이 나올 따름입니다.

인터넷에서 광고를 보다 말고 건미와 태진이는 방에서 뛰쳐나왔습니다. 그리고 엄마에게 방금 본 광고에 대해서 이야기했습니다. 건미의 얘기를 들은 건미 엄마가 말했습니다.

"마르크스도 꿀벌에 대해 얘기한 적이 있어. 꿀벌의 노동이 아무리 완벽하다 할지라도 사람의 노동에는 절대로 미치지 못한다고 했단다."

"왜요?"

"마르크스는 꿀벌이 만든 벌집은 많은 건축가들을 부끄럽게 한다고 했지. 하지만 가장 서투른 건축가라고 할지라도 가장 훌륭한 꿀벌과 뚜렷하게 구별되는 점은 그가 집을 짓기 전에 그것을 벌써 머릿속에 그려 본다는 사실이야. 벌집을 짓는 꿀벌의 노동은 인간이 흉내낼 수 없을 정도로 신속하고 정확하지. 하지만 꿀벌보다 훨씬 솜씨가 부족한 인간이라고 할지라도 그의 노동은 꿀벌의 노동보다 훨씬 더 위대한 것이라고 마르크스는 말했단다."

"왜요?"

"꿀벌은 아무리 솜씨가 좋다 하더라도 자신이 만들 벌집의 모양이나 구조를 머릿속에 그려 놓고 집을 짓지는 않아. 그저 본능에 따를 뿐이지. 학자들에 따르면 꿀벌이 집을 지을 때는 본능에 따라 노동을 하는 것 뿐이라고 해. 꿀벌의 머릿속에는 벌집의 설계도가 들어 있지 않아. 하지만 우리 인간은 어떠니? 아무리 사소한 것을 만든다 하더라도 머릿속에 미리 어떻게 만들 것이라는 계획을 하면서 설계도를 그려 보지? 내가 지금 당장 너희들에게 나무젓가락과 실을 주고 그것으로 십자가 모양을 만들라고 한다면 너희들은 어떻게 하겠니?"

"으음……."

태진이와 건미는 머릿속에서 그림을 상상하고 있었습니다.

"너희들은 십자가의 모양을 떠올리고, 나무젓가락으로 십자가를 어떻게 만들지 머릿속으로 상상해 보잖아. 그것이 너희들 머릿속에서 설계도를 그리는 과정이야. 이렇게 설계도를 그리고 나면 그 설계도에 맞춰서 나무젓가락을 두 동강이 내겠지? 그리고 나서 십자가 모양이 되도록 중심을 실로 묶을 테고. 그러면 십자가가 완성되지. 바로 이것이 인간이 노동을 하는 과정이란다. 인간은 꿀벌처럼 아무 생각 없이 본능에 따라서만 노동을 하지 않아. 인간은 사소한 일을 하더라도 미리 설계도를 머릿속에 그려 본단다. 꿀벌은 능수능란하게 벌집을 만드는 노동을 하고 건축가보다도 훨씬 더 정확하고 세련되게 그 일을 처리하지. 반면 인간은 꿀벌처럼 세밀하고 정확하게 집을 만들 수 없을지도 몰라. 하지만 인간의 노동은 벌집에 대한 설계도를 먼저 그려 본다는 점에서 꿀벌의 노동과는 전혀 다른 것이야."

2 노동은 부의 원천이다

"그러면 엄마, 사람이 하는 노동에는 어떤 것이 있어요? 일하는 것은 다 노동이에요?"

건미는 엄마의 설명을 듣고 노동에 대해 궁금증이 생겼습니다.

"사람들은 보통 노동을 두 가지로 구분하지. 하나는 사람의 육체를 주로 사용하는 육체노동이며, 다른 하나는 머리를 주로 사용하는 정신노동이야. 우리가 사용하는 모든 물건은 육체노동을 통해서 만들어지는 거란다. 너희들이 보는 책 한 권에도 많은 노동의 과정이 들어 있단다. 종이를 만드는 육체노동, 인쇄소에서 활자를 찍는 육체노동, 그리고 제본을 하는 육체노동이 없다면 결코 책은 존재하지 않았을 거야."

태진이는 생각하지 못했던 부분을 알게 되면서 깜짝 놀랐습니다. 서점에 가면 쉽게 볼 수 있는 많은 책들이 단순히 작가 한 명의 작업으로만 만들어지는 것이 아니라는 걸 깨달았거든요. 책은 많은 사람들의 정신노동과 육체노동을 통해 만들어진 결과물이었습니다. 이런 생각을 하다가 태진이는 노동에 대한 또 다른 생각이 떠올랐습니다.

노동을 한다는 것은 일을 하는 것이고, 일은 곧 직업이 됩니다. 직업에 귀천이 없다고 하지만 우리 사회에서는 머리를 많이 쓰는 노동이 몸을 많이 쓰는 노동보다 더 좋은 대우를 받고 있는 것 같았습니다.

"아주머니, 그런데 우리 사회에서는 육체노동과 정신노동 사이에 서열이 있는 것 같아요. 대부분의 사람들이 육체노동보다 정신노동이 훨씬 더 우월한 것이라고 믿고 있지 않나요? 게다가 정신노동이 더 많은 대가를 받아야 한다고 생각하고요."

"그래. 많은 사람들은 판사나 검사, 혹은 은행원이 받는 급여가 공장에서 일을 하는 사람들의 급여보다 훨씬 더 높은 것을 당연하다고 생각한단다. 이런 현상을 당연하게 받아들이는 것은 정신노동이 육체노동보다 훨씬 우월한 것이라는 생각이 바탕에 깔려 있기 때문이지."

엄마의 설명을 듣고 나니 건미는 예전에 아빠에게 들었던 말이 생각났습니다.

"아빠는 어릴 적에 훌륭한 아이스하키 선수가 되고 싶었어."

"아이스하키 선수요? 우와! 너무 멋져요. 그런데 아빠가 아이스하키 선수를 하기에는 키가 좀 작은 것 같아요. 헤헤."

"하하. 그러니? 그런데 본격적으로 운동을 하기도 전에 네 할아버지께 된통 야단을 맞았단다."

"왜요?"

"할아버지와 할머니 모두 심하게 반대를 하셨기 때문이야. 지금과 달리 당시에는 많은 부모님들이 자식이 운동선수가 되는 것을 못마땅하게 생각하셨어. 몸으로만 하는 일은 천박한 직업이라는 생각이 있었거든."

"그러면 할아버지와 할머니는 아빠가 뭐가 되길 바라셨어요?"

"네 할아버지나 할머니는 당연히 아빠가 훌륭한 판사나 연구원

혹은 학자가 되기를 바라셨지. 결국 아빠는 할아버지와 할머니의 뜻을 따라서 교수가 되었지만……. 하하."

그때 아빠는 멋쩍게 웃고 있었지만 건미는 아빠가 하고 싶은 것을 하지 못했다는 사실을 알고 슬펐습니다. 그리고 아빠는 이렇게 강조했습니다.

"이 세상에서 가장 훌륭한 사람은 다른 사람들이 모두 하기 싫어하는 일을 하는 사람들이란다. 그 일은 우리 사회에 꼭 필요한 것이거든."

건미는 처음에 모두 다 하기 싫어 하는 일이 어떤 일인지 몰랐지만, 이제는 그 일이 어떤 것인지 잘 알고 있습니다.

"모두 다 떠나 버린 농촌에서 꿋꿋이 자신의 일을 하는 사람이야말로 정말 훌륭한 사람이지. 그리고 사람들이 일어나기도 전에 깜깜한 새벽 거리를 청소하는 분들 역시 정말 훌륭한 분이란다."

건미는 아빠의 뜻을 잘 알고 있었습니다. 분명한 사실은 농사를 짓는 농부의 노동이 없이는 우리들이 맛있는 밥을 먹을 수 없다는 것입니다. 그리고 광산에서 광물을 캐는 광부가 없이는 자동차도 만들 수 없으며, 컴퓨터도 만들 수가 없습니다. 그래서 건미는 그분들이 정말 훌륭한 분들이라고 생각했습니다.

건미는 아빠의 말을 되새기면서 태진이에게 말했습니다.

"우리가 먹고, 타고, 사용하는 모든 것들은 노동자의 노동으로 만들어지는 거야. 저녁 식사 후 우리가 먹고 있는 이 과일 또한 노동을 통해서 만들어진 거야."

선미가 말을 끝내사 건미 엄마는 웃으면서 말을 이있습니다.

"그래. 이 세상의 모든 부는 노동에서 비롯되는 거란다. 육체적 노동이 없이 이 세상의 부는 만들어지지 않아. 그렇기 때문에 마르크스는 이 세상 모든 부의 원천은 노동에서 비롯되는 것이라고 말했지. 이렇게 육체적 노동이 중요한 것임에도 불구하고 우리는 육체노동을 정신노동에 비해서 열등한 것으로 취급하고 육체 노동자들에게 알맞은 대우를 해 주지 못하고 있어. 그리고 마르크스는 자본주의사회에서 빈곤층의 대부분이 육체노동자라는 사실을 강조했어. 이렇게 육체노동자의 노동이 정당한 대접을 받지 못하기 때문에 자본주의사회에서 잘사는 사람들은 더욱 잘살게 되고 못사는 사람들은 더욱 못사는 현상이 생긴 거라고 마르크스는 주장했지."

태진이는 말로만 듣던 빈익빈 부익부 현상이 왜 생기는지 이제야 알았습니다.

어느덧 깊은 저녁이 되었고 건미와 건미 엄마는 태진이 집에서 나올 준비를 하고 있었습니다. 태진이는 얄미운 건미를 본다는 생각에 아침부터 기분이 좋지 않았는데, 건미와 건미 엄마 덕분에 많을 걸 배우게 되어서 마음이 뿌듯했습니다. 다음에 건미가 온다면 건미가 좋아하는 게임도 미리 챙겨 둬야겠다고 생각했습니다.

"잘 있어. 태진아."

"응, 그래. 다음 주에도 놀러 와."

더러운 것의 신성화

성경을 보면 다음과 같은 일화가 나옵니다.

아담과 이브는 하나님이 만든 최초의 인간입니다. 아담과 이브는 에덴 동산이라는 낙원에서 살고 있었습니다. 그곳은 천국과 같아서 매일 달콤한 일뿐이었습니다.

그들은 너무나도 순수해서 선과 악을 구별하지 못합니다. 선과 악을 구별할 줄 모르는 것은 결코 무식해서가 아닙니다. 이들이 너무나 순수하기 때문에 악한 행동을 할 줄 모르는 것이지요.

에덴 동산에는 신비한 과일이 열리는 나무가 있었습니다. 선악과라고 불리는 열매였습니다. 말 그대로 그 과일을 먹게 되면 선과 악을 구분할 줄 알게 됩니다. 선과 악을 구분할 줄 알게 된다는 것은 곧, 악이 무엇인지 알게 된다는 것을 뜻합니다.

하나님은 아담과 이브에게 절대로 선악과를 따 먹지 말라고 명령했습니다. 물론 아담과 이브는 하나님의 말씀을 철저하게 지키려고 노력했습니다. 하지만 아담과 이브는 간교한 뱀의 꼬임에 넘어가 선악과를 먹고 말았습니다.

결국 하나님도 이 사실을 알게 되었습니다. 하나님은 명령을 어긴 아담과 이브에게 벌을 내렸습니다. 아담과 이브를 에덴의 동산에서 추방시킨 거지요. 하나님은 아담과 이브를 에덴의 동산에서 쫓아내면서 이렇게 말했습니다.

"이제부터 너희들과 너희들의 자손은 이마에 땀이 맺히도록 열심히 일해야만 먹고살 수 있을 것이다."

그동안 아담과 이브가 살았던 에덴 동산에서는 노동을 할 필요가 전혀 없었거든요.

이렇게 해서 아담과 이브는 이 땅으로 내려오게 되었답니다.

이 세계에 오게 된 아담과 이브는 선과 악을 알게 되었답니다. 그것을 구별할 수 있는 선악과를 먹었기 때문입니다. 또한 아담과 이브는 자신의 생명을 유지하기 위해서 노동을 해야 했습니다. 육체적 노동을 하지 않고서는 도저히 먹고살 수 없게 된 것이지요.

　성경에서 나오는 이 이야기는 마르크스의 노동에 대한 생각과 완전히 대립하는 것이랍니다. 하나님이 아담과 이브를 쫓아내면서 했던 말에는 분명 노동이 힘들고 괴로운 것이라는 의미를 담고 있기 때문이지요. 말하자면 이 이야기 속에는 노동이 인간에게 내려진 일종의 형벌과 같은 것이라는 의미가 담겨 있다는 것입니다.

　'노동은 형벌이자 고통이다' 라는 생각은 마르크스의 노동관과 완전히 대립합니다. 마르크스는 노동이 형벌이자 고통이 아니라 우리 인간이 자신의 자아를 실현시키는 가장 기본적인 수단이라고 보았기 때문입니다.

　여러분들은 공부를 자신에게 주어진 형벌이나 고통으로 생각하지는 않나요? 그렇게 생각하는 친구들이 많을 겁니다. 공부하는 것을 싫어하는 친구들에게 공부는 일종의 노동일 것입니다. 하지만 어느 누구도 여러분에게 공부하라고 강요하지 않는다고 생각해 보세요. 그러면 여러분은 매일 놀기만 할까요? 아마 컴퓨터 게임만 하다가도 불현듯 책이 읽고 싶어지고 또 책을 보다가 관심 있는 내용이 나온다면 더 많은 책을 읽고 싶어질 것입니다. 이렇게 시키지 않아도 자발적으로 공부를 하게 될 것입니다. 그러다가 공부가 얼마나 재미있는 것인가를 깨닫는 친구들도 있을 것입니다.

부모님이나 선생님의 강요에 의해서 억지로 공부한다면 공부가 고통스럽게 느껴질 것입니다. 그것은 원래 공부가 고통스럽기 때문이 아니라 공부하기를 강요하는 사회가 여러분을 그렇게 만든 것입니다.

사람들은 육체적으로 힘이 드는 일을 반드시 피하려고만 하지 않습니다. 헬스클럽에 가면 땀을 주르륵 흘리면서 무거운 운동기구를 들어 올리는 사람들이 있습니다. 건강을 위해서 혹은 멋진 몸매를 위해서 운동을 하는 사람들입니다.

할아버지나 할머니들은 종종 공터를 텃밭으로 가꾸곤 합니다. 아침 일찍 나와서 땀을 뻘뻘 흘리면서 밭을 일구고 씨를 뿌립니다. 이것은 다른 사람이 시켜서 하는 일이 아닙니다. 할머니, 할아버지들은 이렇게 텃밭을 가꾸고 결실을 맺는 것이 즐겁기 때문에 하는 일입니다.

마르크스는 노동이란 본래 놀이와 같은 것이라고 생각했습니다. 아주 옛날에는 노동과 놀이가 분리되어 있지 않았습니다. 옛날에는 사람들이 일을 하면서 노래를 불렀습니다. 일하는 것이 흥이 났지요. 그런데 어느

때부터인가 일과 놀이가 따로 구분되었습니다. 일은 일이고 놀이는 놀이라는 것이지요.

마르크스는 자본주의사회야말로 노동과 놀이가 완전히 구분되는 사회라고 보았습니다. 사람들은 일하는 시간과 노는 시간을 아주 엄격하게 구분합니다. 일하는 것은 노는 것과 달리 힘들고 고통스럽습니다. 달콤한 휴식과 놀이의 시간을 갖기 위해서 사람들은 열심히 일해야 한다고 생각합니다. 고통스럽게 일하지 않는 사람들에게 달콤한 휴식은 없다고 말합니다.

하지만 마르크스는 노동에 대한 이런 부정적인 시각 자체가 사람들이 갖는 편견이라고 말했습니다. 그리고 그런 편견은 육체적 노동을 천하게 여기고 그것을 정당하게 대우하지 않는 사회 구조에서 비롯된 것이라고 믿었습니다. 힘들고 고된 육체노동일수록 더 대우를 받는 것이 아니라 육체노동이라는 이유로 그 노동에 대한 정당한 가치를 부여하지 않는다는 것입니다. 마르크스는 이런한 사회야말로 모순된 사회라고 보았습니다.

사람은 누구나 의식주 문제가 해결되어 생활이 안정되고 일정한 지위에 이르면, 다음에는 사회로부터 높은 평가를 받아 명성이나 존경을 얻고 싶어합니다. 나아가 자신의 재능을 갈고 닦아 최대한의 능력을 발휘하고 싶고, 아울러 다양한 의사 결정 과정에 참여하기를 원합니다.

그런데 현재의 자본주의사회는 노동환경이 다양화되는 만큼 노동자들의 욕구를 충족시키지 못하고 있습니다. 여기서 육체노동자들은 정신노동자들보다 더 큰 소외감을 느끼는 것입니다.

물구나무서서 걷는
자본주의사회

5

 해방의 머리는 철학이요, 그 심장은 프롤레타리아트이다. 프롤
레타리아트의 자양 없이 철학을 실현할 수 없으며, 철학의 실현
없이 프롤레타리아트는 자신을 자양할 수 없다.

— 칼 마르크스

1 시간은 돈이다?

일요일 오후에 태진이와 엄마는 태진이의 옷을 사기 위해 시내로 나갔습니다. 길이 막혀서 택시는 느릿느릿 기어갔습니다. 엄마가 초조하신지 혼자서 중얼거립니다.

"왜 이렇게 막히는 거야. 이러다가 요금이 엄청 나오겠는걸. 금 같은 시간이 흐르는구나……."

그 말을 들은 태진이가 장난스럽게 말했습니다.

"걱정하지마, 엄마. '황금 보기를 돌같이 하라' 는 말이 있잖아.

그러니까 시간은 돌과 같은 거라고."

태진이의 말은 엄마의 화를 더 돋우었습니다.

"지금 그게 할 말이니!"

태진이는 재밌어 하며 말대꾸를 합니다.

"아는 게 병이 아니라 힘이지."

이 말이 입에서 떨어지자마자 태진이의 머리 위로 엄마의 꿀밤이 세차게 떨어집니다.

"나 원 참, 시간이 돌이라는 둥 헛소리를 하다니……."

"헛소리라니? 엄마는 그게 왜 헛소리라는 거야? 그리고 이번 꿀밤은 너무 아팠어. 흑."

태진이는 엄마가 때린 머리를 손으로 박박 문지르면서 말했습니다. 물론 태진이도 엄마의 말씀이 맞다는 것을 알고 있습니다. 시간은 분명히 돈이니까요. 하지만 농담한 것 가지고 엄마는 꿀밤까지 때리다니…… 태진이는 엄마가 좀 너무하다는 생각이 들었습니다. 그때 운전을 하고 있던 택시 기사 아저씨가 말문을 열었습니다.

"학생이 재치가 뛰어나네요. 학생 덕분에 집이 항상 재미있겠어요."

그러자 엄마는 정색하며 손사래를 쳤습니다.

"아니에요. 얘가 이상한 말이나 하고 능글맞아서 제 속을 얼마나 뒤집는다고요."

엄마는 태진이를 한 번 째려보았습니다. 택시 기사 아저씨는 다시 말했습니다.

"시간이 돌이라는 건 잘못된 생각일 거야. 혹시 기회비용이라는 말 아니?"

"기회비용이요? 처음 들어 봐요."

"음, 조금 어려운 말이지만 이 말은 시간이 돈이라는 것을 의미하기 때문에 너에게 꼭 말해 주고 싶구나."

"기회비용이 뭔데요?"

"날씨가 화창한 맑은 날, 어부들이 어망을 챙겨서 모두 바다로 향했어. 그런데 한 어부만 바다가 아닌 읍내로 향했어. 읍내에는 며칠 전 새롭게 문을 연 도박장이 있었거든. 오전부터 어부는 도박을 시작했어. 그리고 가지고 간 30만 원을 모두 잃고 오후가 되서야 터덜터덜 집으로 돌아왔지. 그때 다른 어부들이 고기를 가득 잡아서 항구에 도착하는 것을 보았단다. 학생은 이 어부가 얼마의 손해를 봤다고 생각하지?"

태진이는 아저씨가 엉뚱한 걸 물어 본다고 생각했습니다. 너무 뻔한 답이니까요.

"30만 원을 잃었으니까 당연히 30만 원 손해를 본 거죠."

태진이는 자신 있게 대답했지만 아저씨는 고개를 절레절레 흔들었습니다.

"아니란다. 그건 잘못된 계산이야. 어부가 도박장에서 반나절의 시간을 보내면서 30만 원을 잃었지만, 그 시간에 도박장에 가지 않고 고기를 잡으러 나갔다고 가정해 봐. 아마도 50만 원의 수입이 생겼을 거야."

"아! 그러면 총 80만 원 손해를 본 거네요?"

"그렇지. 어부는 단순히 30만 원을 낭비한 것이 아니라 30만 원을 잃는 동안 시간마저 낭비했기 때문이야. 이렇게 기회비용이란 시간을 돈으로 철저하게 환산하는 것을 말한다."

"아, 그 이야기를 들으니까 섬뜩하기도 하고 긴장이 되는데요?"

"그럼. 학생이 기회비용을 생각하면 항상 긴장의 끈을 늦출 수가 없을 거야. 네가 놀고 있는 시간을 단지 놀고 있는 시간으로 계산하지 않고 그 시간 동안 공부를 하지 못한 것까지 합하면 엄청

난 손실이지 않겠니?"

태진이는 그동안 드라마 〈용궁〉을 본다고 숙제를 미뤘던 기억을 떠올렸습니다. 그 시간을 돈으로 환산하면 모두 얼마일까요?

"그런데 아저씨, 시간을 어떻게 돈으로 바꿀 수 있어요? 정확한 기준이 있는 건 아니잖아요. 그만큼 값어치를 한다는 거예요?"

태진이의 질문에 아저씨가 대답했습니다.

"'시간이 돈이다' 라는 말의 유래는 정확하지 않지만, 그 말이 유명해진 것은 미국의 벤자민 프랭클린이라는 사람을 통해서란다. 벤자민 프랭클린은 미국이 세워진 초창기에 독립과 발전을 위해 헌신한 유명한 정치인이야. 그는 매우 근면한 사람이었단다. 그래서 항상 약속을 철저하게 지키고, 절약할 것을 강조했어. '시간이 돈이다' 라는 말에는 시간을 돈처럼 아껴야 한다는 의미가 담겨 있는 거야."

"그렇구나. 그러면 아저씨, 돈이야말로 최고의 가치라는 건가요? 돈이 얼마나 귀한 것이면 시간마저 돈에 비유했을까요?"

"그래. 우리 사회에서 돈은 최고의 가치로 여겨진단다. 그런데 마르크스라는 사람은 돈을 최고의 가치로 치지 않았어."

'마르크스? 어제 건미 엄마에게 들었던 이름인데……'

태진이는 어제 건미 엄마에게 들었던 이름을 또 택시 기사 아저씨에게 들어서 깜짝 놀랐습니다. 태진이는 마르크스가 정말 유명한 사람인 것 같다고 생각했습니다.

아저씨는 계속 말했습니다.

"돈을 이 세상에서 최고로 여기는 것은 예나 지금이나 마찬가지일 거야. 지금 우리가 살고 있는 사회뿐만 아니라 과거에도 돈이 최고였을 거라고 생각하는 거지. 하지만 마르크스는 이러한 생각이 잘못됐다고 했어. 그는 돈이 최고의 가치로 숭상받고 모든 가치의 기준이 돈이 되는 사회는 우리가 살고 있는 자본주의사회가 유일하다고 본 거야."

"그럼 자본주의사회가 아닌 곳에서는 돈이 최고가 아니라는 거예요? 그런 나라도 있어? 태진아, 엄마는 그런 곳으로 이민이라도 가고 싶구나."

태진이와 기사 아저씨의 대화를 가만히 듣고 있던 엄마는 돈이라는 말에 화색을 띠며 말했습니다. 아저씨는 계속 설명했습니다.

"실제로 자본주의 시대에 들어서기 전의 서양을 봐도 그렇죠. 중세시대만 하더라도 돈은 별로 중요하지 않았어요. 돈을 지금처럼 은행에서 만들지 않았을뿐더러 돈으로 살 수 있는 물건도 없었어요. 대부분의 사람들은 장원이라는 농촌에서 농사를 짓고 자신들이 생산한 작물들을 교환하여 필요한 것을 충족하였어요. 농사에 필용한 기구와 가재도구들도 직접 만들거나 대장장이에게 가서 농작물과 교환하면 그만이었어요. 그런 사회에서 돈은 아무런 가치가 없었어요. 우리가 사용하고 있는 돈을 가지고 타임머신을 타고서 조선시대로 간다 해도 그 돈을 사용할 수 없는 것과 마찬가지인 셈이지요. 그러니 돈이 세상에서 가장 높은 가치를 지니는 것이 아니었으며, '시간이 돈이다'라는 격언이 당시에 나왔을 리는 없었겠지요."

"정말 그렇구나."

"그렇게 보자면 '시간이 돈이다'라는 말은 철저하게 자본주의 사회에서나 가능한 표현이라고 할 수 있어요. 분명 우리 사회에서는 모든 것은 돈으로 계산되기 때문이죠."

"그렇죠. 이 일을 할 것인가 저 일을 할 것인가를 두고 갈등할 때도 어떤 것이 더 경제적으로 유익한 것인가를 따지잖아요. 어부의 경우처럼 50만 원을 벌어야 하는 데도 불구하고 30만 원을 탕진하러 도박장에 가는 것은 윤리적으로 비난을 받기 이전에 경제적으로 바보 같은 행동으로 볼 수 있지요."

태진이 엄마는 어리석은 어부의 행동이 답답했는지 목소리를 높여서 말했습니다.

"어부는 도박장이 아니라 등산을 갔다고 해도 경제 개념이 뛰어난 사람에게 비난을 받았을 거예요. 어부가 그 시간 동안 고기를 잡아서 생겼을 수입 즉, 기회비용을 생각하면 결국 어부는 50만 원을 들여 등산을 간 셈이니까요."

"그러면 이렇게 우리의 모든 일을 돈으로 환산하면 어떨까요?"

태진이는 점점 올라가는 택시 요금을 보면서 말했습니다. 아저씨는 태진이의 눈치를 보면서 크게 웃었습니다.

"너무나 각박한 삶이 되지 않을까? 마르크스는 바로 우리 사회가 돈의 노예가 된 각박한 사회라고 말했어. 그리고 벤자민 프랭클린의 '시간이 돈이다'라는 격언 또한 각박한 자본주의사회에서만 통용되는 격언일 뿐이라고 했어. 그 말은 결코 진리가 될 수 없다고 했지. 오히려 왜곡된 우리 사회의 단면을 적나라하게 보여주는 말일 뿐이라고 했어."

기사 아저씨는 아는 게 정말 많은 것 같았습니다.

"아저씨, 그런데 아저씨는 그런 걸 어떻게 다 알아요? '시간은 돈이다'라는 말을 들어는 봤지만 그 말이 어디서 나왔는지는 오늘에서야 알았어요. 헤헤."

"아, 내가 택시 운전을 마치고 저녁에 '철학과 사회'라는 무료 수업을 듣고 있거든. 대학 교수님이 오셔서 강의하시는데 수업이 참 재미있어. 마침 얼마 전에 마르크스에 대해 배워서 학생에게 해 줄 말이 많구나."

"엄마! 엄마도 이런 수업 들어요. 공짜래."

"알았다. 요 녀석아, 호호."

새벽부터 늦은 밤까지 운전하느라 피곤할 텐데 짬을 내서 공부하는 아저씨를 보니 태진이는 시간을 아껴 써야겠다는 생각이 들었습니다.

2 돈은 교환 수단이 아니라 자본

주말이라 그런지 백화점은 사람들로 북적였습니다.

점원과 고객 사이에서 주고 받는 돈과 카드가 태진이 눈에 띄었습니다.

"엄마, 세상에 돈은 왜 생기게 되었을까요?"

"얘는 백화점 와서 옷은 안 보고 뭔 엉뚱한 소리야. 돈은 이것저것 사라고 있는 거겠지. 빨리 옷이나 봐."

"아, 엄마. 그러지 말고 좀 자세히 얘기해 줘요. 돈이 필요할 수

밖에 없는 상황이 생긴 거예요?"

자꾸만 조르는 태진이 때문에 엄마는 백화점을 제대로 돌아다
닐 수가 없었습니다. 옷 고르는 것은 나중에 하기로 하고 백화점
휴게실에 있는 의자에 앉아서 얘기를 하기로 했습니다.

"돈이 생긴 이유는 간단해. 아주 옛날에는 이런 백화점도 없었
고, 산업도 발달하지 않았잖니. 그래서 모든 사람들이 농사를 짓
고 곡식을 수확해서 자급자족했잖니."

"네. 그건 알아요."

"예를 들어서 쌀농사를 짓는 웅이 아버지는 옷이 필요했어. 그
래서 옷을 만드는 택이 아버지에게 가서 자신이 가진 쌀과 옷을
바꾸는 거야. 또 농기구가 필요할 때에는 농기구를 만드는 대장장
이에게 가서 쌀과 농기구를 교환을 했어. 하지만 이렇게 매번 쌀
과 옷, 쌀과 농기구, 쌀과 소고기 등을 교환하려니 무척 번거롭고
혼란스러웠을 거야. 거래를 할 때마다 얼마만큼의 양을 교환해야
할지 결정하기 어려울 뿐더러 무거운 쌀을 교환하기 위해 들고 다
녀야 하니까."

"그럼 쌀을 가볍게 만들면 되지 않나요?"

"애는 또 엉뚱한 소리한다. 이 문제를 해결할 수 있는 간단한 방

법이 있었어. 다른 물건을 대신해서 언제든지 교환할 수 있는 교환 수단을 만드는 것이지. 이렇게 해서 돈이 탄생하게 된 것이란다. 어떠니? 돈을 사용하면 번거로웠던 일들이 사라지지 않겠어?"

태진이가 생각해 보니 엄마의 설명이 맞습니다. 백화점에 와서 옷 하나를 사기 위해 쌀가마니를 짊어지고 돌아다닐 수는 없잖아요. 엄마는 계속 말했습니다.

"웅이 아버지는 1년 동안 식구들이 먹을 쌀을 충분히 남기고 시장에 나가서 돈과 교환을 하는 거야. 이제 쌀을 팔아 생긴 돈으로 시장에 가면 언제든지 자신이 사고 싶은 물건들을 살 수가 있게 되었지. 이 얼마나 편리한 방법이니? 이렇게 돈은 물건들이 원활하게 교환될 수 있게 도와주기 위해서 만들어진 거란다. 그래서 돈을 '교환수단' 이라고 부르는 거야."

"교환수단? 택시 아저씨가 말한 기회비용만큼이나 어려운 말이네요."

"이 말은 어려운 말이 아니야. 지금 우리가 본대로 돈이란 다른 물건들이 서로 원활하게 교환될 수 있도록 즉, 유통이 될 수 있도록 도와주는 수단이라는 뜻을 가지고 있다고 보면 된단다."

띠리리링.

엄마와 한창 얘기를 하고 있는데 태진이 엄마의 휴대전화가 울렸습니다. 엄마는 급하게 휴대전화를 받았습니다.

"어디야? 우리 5층, 자판기 앞에 있어. 그래. 이쪽으로 와. 아니, 태진이랑 같이 왔지."

"엄마, 누구야?"

"건미 엄마."

"어제 봤잖아요."

"건미도 옷 사야 한다고 하길래 같이 만나서 보기로 했어."

"응."

'이제 건미를 싫어하지 말아야지' 라고 생각했는데 막상 건미를 또 보려니 생각대로 되지 않았어요. 건미가 예쁜 옷을 입고 자랑하면 또 얄미워 보일 테니까요.

"여기 있었구나!"

건미 엄마와 건미가 우아한 자태를 뽐내며 걸어오고 있습니다. 건미 엄마가 태진이 엄마를 불렀습니다.

"아드님이랑 무슨 얘기를 그렇게 재미있게 했어? 우리가 온 줄도 모르고. 내가 전화 안 했으면 깜박했겠구나?"

"호호. 아냐. 나도 무료 강의를 받으러 다닐까 생각 중이야. 택시 기사 아저씨가 그러시는데 교수님이 강의하는 '철학과 사회'라는 수업이 있대. 공짜라는데 나도 한번 알아봐야겠어."

"어머. 그래? 그거 참 잘된 일이네."

"태진이와 택시 안에서도 마르크스와 돈에 대한 이야기를 했었는데 백화점에 오더니 돈이 왜 생겨났냐고 묻는 거 있지!"

"그랬어? 야, 태진이가 점점 생각이 깊어지는 거 아냐?"

"헤헤. 아니에요."

태진이는 머리를 긁적이면서 말했습니다. 그리고 태진이는 건미 엄마에게 또 마르크스에 대해 물었습니다.

"저 아주머니, 궁금한 게 있는데요. 돈이 생겨난 이유와 제일 처음 돈의 기능이 유통수단에 있다는 것은 마르크스가 발견한 건가요?"

건미네 엄마는 질문을 기다렸다는 듯이 바로 대답해 주었어요.

"아니. 그렇지 않아. 그건 마르크스나 그의 이론을 반대하는 경제학자들이 갖고 있는 편견이란다."

"교환이 늘어나고 시장이 커지다 보니까 돈은 단순한 유통수단 이상의 의미를 지니기 시작했다는데 그게 무슨 뜻이에요?"

태진이는 설명을 들을수록 더 어리둥절했습니다.

"사람들은 시장이 활성화되기 이전에는 돈을 중요하게 생각하지 않았어. 하지만 시장이 커지고 교환이 많아지자 점점 더 돈의 중요성이 커지게 되었지.

이때부터 사람들이 생각하는 돈에 대한 인식이 조금씩 바뀌었어. 예전에는 돈을 단순한 교환수단으로만 생각하다가 어느덧 그 교환수단을 모으기 시작한 거야. 왜냐하면 돈만 가지고 있으면 언제든지 자신이 원하는 물건을 가질 수 있기 때문이지. 이렇게 돈은 교환의 수단에만 그치는 것이 아니라 모으는 대상이 되었어. 그것을 마르크스는 '축장수단' 이라고 불렀지."

"축장수단이요? 기회비용, 교환수단, 축장수단까지 어려운 단어들을 많이 알게 되네요."

"그랬니? 축장이라는 것은 말 그대로 모아서 비축하고 쌓아 둔다는 뜻이야. 사람들은 이제 돈을 많이 비축하기를 바라는 거지."

"왜 돈을 많이 비축하려고 한 거예요?"

"예전 농부들은 수확한 쌀을 모두 다 창고에 비축해 두어야 했을 거야. 하지만 이제 시장에 가서 바로 팔고 돈으로 교환하여 집 안에 간단하게 보관할 수 있어. 이렇게 돈이 축장수단이 되면서 사람들의 경제적인 생활에 변화가 일어나기 시작했어. 사람들은 돈을 더 많이 벌고 모으기 위해서 노력했단다. 모든 경제활동이 돈을 버는 데 초점이 맞춰진 거야. 이것이 바로 우리가 살고 있는 자본주의사회의 전형적인 모습이라고 마르크스는 생각했어. 그리고 시간이 흐르면서 사람들은 돈을 그저 쌓아 둘 수만은 없었어. 왜냐하면 태진이 너도 잘 알다시피 경제가 성장하면서 물가는 오르기 때문이야. 가령 1년 전에 만 원의 가치가 현재에는 9천 원의 가치밖에 되지 않는다고 치자. 이것을 경제 용어로 '인플레이션' 즉, 물가 상승이라고 한단다. 이러한 인플레이션 현상 때문에 돈을 집에다 쌓아 두면 시간이 지날수록 손해를 보게 되는 거야."

"물가 상승. 정말 많이 들어 본 말이에요. 제가 좋아하는 과자만 하더라도 벌써 3백 원이나 올랐는걸요."

태진이는 좋아하는 과자가 7백 원에서 천 원으로 올라서 너무 안타까웠어요. 이제 정말 5백 원으로는 할 수 있는 일이 별로 없는 것 같아요. 건미 엄마는 계속 말을 이었습니다.

"현명한 방법은 돈을 그저 쌓아 두어서 손해를 볼 것이 아니라 그 돈으로 점점 더 큰 돈이 될 수 있는 방법을 찾아야 해. 그 방법 중 하나가 은행에 예금하여 이자를 받는 거야. 만 원을 저축해서

1년 후에 만천 원이 된다면 인플레이션 때문에 생기는 손해를 막을 수 있을 거야. 하지만 이보다 더 좋은 방법은 일정한 돈이 모이면 그것을 활용하여 경제적 이윤을 얻을 수 있는 장사나 사업을 하는 게 더 좋겠지. 이렇게 모아진 돈을 비축만 하지 않고 다른 이윤을 위해서 투자하는 돈을 마르크스는 '자본'이라고 불렀어. 이제 우리가 살고 있는 사회를 왜 자본주의사회라고 부르는지 알 수 있겠지?"

"아, 네."

태진이는 자본주의사회라는 말만 들었고 왜 그렇게 부르는지 몰랐습니다. 그러나 건미 엄마의 설명이 태진이의 가려운 곳을 시원하게 긁어 주었습니다.

"그러니까 이렇게 자본이 중심이 되는 사회를 자본주의사회라고 하는 거잖아요."

"그렇단다. 이제 돈은 단순한 교환의 수단과 그저 비축하기만 하는 대상이 아니야. 자본주의사회는 자본에 의해서 움직이며 자본을 최고의 가치로 여기는 사회잖아. 결국 돈이 절대적인 가치를 지니는 사회를 의미하는 거야."

'돈이 절대적인 가치를 지닌다고?'

태진이는 걱정이 됐습니다. 돈이 사람들에게 최고의 가치로 여겨진다면 그것이 사회에 어떤 영향을 끼칠지 상상이 되었거든요.

3 바보 동네에서 정상인은 바보다

건미와 태진이는 옷을 샀습니다. 이제 엄마들은 건미와 태진이를 구석에 남겨 두고 '파격 세일'이라고 적힌 간판을 따라 옷을 보러 다녔습니다.

벤치에 앉아야 있어야 하는 신세가 된 건미와 태진이는 음료수를 홀짝홀짝 마시면서 엄마를 기다렸습니다. 그때 건미가 어제 일이 생각났다면서 말했습니다.

"아, 태진아! 나 어제 저녁에 엄마랑 집에 들어가면서 정말 웃기는 것을 봤어."

"뭔데? 뭐가 그렇게 웃겨?"

"이런 말하기는 좀 그렇지만 우리 동네에는 유명한 바보 삼형제가 있거든. 그 형제가 살고 있는 집 앞을 걸어가고 있는데 삼형제들이 모두 집 밖으로 나와 있는 거야. 그런데 삼형제가 싸우고 있었어. 엄마랑 나는 그 싸움을 지켜보기로 했어."

"싸워? 왜 싸워? 원래 싸움 구경이 재밌는 거라잖아."

"어제가 보름이었잖아. 그래서 밤하늘에 둥그런 달이 떠 있었거든. 근데 바보 삼형제 중에 막내가 이러는 거야.

'저기에 뜬 별 좀 봐. 정말 밝고 찬란하지 않아?' 이 말을 들은 둘째가 말했어. '바보야, 저게 어떻게 별이야? 너는 해와 별도 구별 못하니? 저 햇님을 보고 별이라니.' 이러는 거야. 우와! 나 진짜 놀랐잖아. 어떻게 달을 보고 별, 해라고 할 수 있어?"

"큭큭, 정말. 그럼 첫째는 뭐라고 그랬어?"

"첫째라고 가만히 있었겠니? 첫째가 말했어. '저게 어떻게 해야? 별이지. 저건 북극성이라는 별이야.' 이렇게 서로 지지 않고 싸우는데 어찌나 웃기던지."

건미는 바보 삼형제 목소리까지 흉내내며 말했습니다. 듣고 있던 태진이는 너무 웃겨서 뒤로 넘어질 뻔했습니다. 건미가 태진이를 잡으면서 말했습니다.

"야야, 더 들어 봐. 여기부터가 진짜야. 바보 삼형제가 이렇게 이야기하고 있는데 그 삼형제의 아버지가 밖으로 나오는 거야. 형제들은 아버지한테 달려가서 물었어. '아버지, 저 위에 떠 있는 둥근 게 해인가요? 별인가요?' 그러니까 형제들이 서로 '해 맞죠?', '아니 별이죠?' 라면서 또 싸우는 거야. 서로 자신의 답이 맞기를 바라면서 아버지에게 빨리 가르쳐 달라고 졸랐어. 그때 아버지의 대답이 기가 막혔지. '아이고, 미안하구나. 실은 내가 밤에 집 밖으로 나와 본 지 너무 오랜만이라서 저게 해인지 별인지 잘 모르겠다.' 이랬어."

"뭐라고?"

태진이는 건미의 이야기를 듣고 어이가 없었습니다.

"그래서 넌 가만히 있었어? 잘못 알고 있는 사람들한테 제대로 가르쳐 줘야 할 거 아냐."

"응. 하지만 내가 나서서 대답을 해 주자니 오히려 나를 바보 취급할 것 같아서 참았어. 왜냐하면 예전에 들었던 이야기가 생각났거든."

"무슨 이야기?"

"옛날 어느 나라에 지혜로운 사람이 살고 있었대. 그 나라 사람들은 지혜로운 사람 말이라면 무조건 따랐어. 그 사람은 언제나 지혜롭고 현명한 판단을 했기 때문이야. 그 사람의 말은 한 번도 틀린 적이 없어서 사람들의 믿음은 절대적인 것이었어. 심지어 왕까지도 지혜로운 사람의 말이라면 무조건 따랐으니까 말이야. 나라를 다스리는 중요한 일이 있을 때면 언제나 그 사람을 불러서 자문을 구했어.

그런데 그 지혜로운 사람을 시샘한 다른 나라 마법사가 지혜로운 사람의 나라를 망하게 하기 위해서 그 나라의 모든 사람들이 마시는 우물에 거짓말을 믿게 하는 약을 탄 거야. 그 나라 사람은 모두 다 그 물을 마시게 되었지만 다른 나라 마법사의 소행을 알고 있었던 지혜로운 사람만은 예외였어. 어느 날 왕이 이해할 수 없는 명령을 내렸어. 왕도 이미 그 우물의 물을 마셔서 판단력이 흐려졌던 거야. 그 나라 사람들은 왕의 명령이 옳다며 왕을 따랐어. 모두 약이 들어간 물을 마셨기 때문이지. 하지만 그 우물물을 마시지 않은 지혜로운 사람은 왕의 명령을 따르지 않았지.

결국 지혜로운 사람이 왕의 명령을 따르지 않았다는 사실이 왕에게까지 알려졌어. 왕은 지혜로운 사람 불러들여서는 이렇게 말했어. '어찌하여 당신은 감히 내 명령을 따르지 않았는가?' 왕이 화를 내면서 묻자 지혜로운 사람이 이렇게 대답했지. '그것은 폐하의 명령이 잘못되었기 때문입니다. 폐하의 명령은 이치에 어긋납니다.' 그러자 왕은 호통을 쳤어. '이 나라 백성들이 모두 내 명령을 옳다고 따르는데, 당신만 거부하는군. 그럼 좋다. 다른 사람들에게 물어보자.' 하지만 다른 사람들도 이미 우물물을 마신 터라 왕의 명령이 옳다고 생각할 수밖에 없었어. 왕은 자신의 명령을 끝까지 거부하는 그 지혜로운 사람을 사형시키려고 했었어. '여봐라, 저 놈을 당장 참형에 처하거라.' 왕의 명령이 떨어지자 지혜로운 사람은 매우 다급하게 말했어. '폐하, 제게 잠시만 시간을 주십시오. 아주 잠시면 이 문제를 해결할 수 있습니다.' 그리고 왕은 그 사람의 간청을 들어주었대. 그 사람은 재빨리 우물물을 마셨어. 이제 지혜로운 사람도 판단력이 흐려진 거지. 그러고 나서 그 지혜로웠던 사람은 이렇게 말했어. '폐하의 명령이 지당하옵니다.' 이렇게 해서 지혜로웠던 사람은 죽음을 피할 수 있었던 거야."

　태진이는 재미있는 이야기라고 생각했는데 점점 가면서 무서운

이야기로 변하고 있었습니다.

그리고 건미가 왜 바보 형제들에게 진실을 이야기하지 않았는지를 알 수 있었습니다. 바보 형제에게 말을 해 봤자 자신이 오히려 그들에게 바보 취급을 받을 거라고 생각했기 때문입니다.

"무엇을 잘못 알고 있다는 사실은 굉장히 위험한 일인 거 같아. 진실을 알아도 말할 수 없잖아. 그 지혜로운 사람처럼 목이라도 날아간다면 어떻해."

태진이가 건미의 이야기에 빠져 있는 동안 건미의 엄마와 태진이의 엄마는 파격 세일에서 싸게 산 옷을 한 벌씩 들고 나타나셨습니다.

"횡재했어. 호호."

싼값으로 옷을 살 수 있었다고 기뻐하는 엄마를 보면서 태진이는 돈을 최고의 가치로 여기는 우리 사회에서 태진이 자신만 돈을 무시하면 어떻게 될지 생각해 보았습니다. 그건 아마 바보 삼형제에게 옳은 답을 주려고 했던 건미의 입장과 같이 되겠죠?

물신주의

　태진이의 고민을 여러분은 이해할 수 있나요? 모든 사람들이 돈을 최고의 가치로 보고 돈으로 모든 것을 환산하려고 하는데, 단 한 사람만 돈을 중요하게 생각하지 않는다면 오히려 이상하게 보일 것입니다.

　돈이란 상품을 교환하고 거래하는 데 도움을 주기 위해서 만든 수단에 불과합니다. 말하자면 사람들의 경제활동을 원활하게 하기 위해서 필요한 수단에 불과한 것이지요. 하지만 자본주의사회에서는 이러한 수단이 목적으로 변질된다고 마르크스는 말했습니다. 그러다 보니 원래 순수한 인간관계마저도 물질적 관계로 보게 됩니다. 마르크스는 이를 '물신주의' 라고 했습니다. 물신주의란 말 그대로 물질을 신처럼 최고의 가치로 보는 입장을 말합니다.

　우리는 성인이 되면 직장을 갖게 될 것입니다. 회사에 취직을 한다는 것은 사회 구성원이 된다는 것을 의미합니다. 하지만 사람들은 취직한다는 것을 사회 구성원이 된다는 의미보다 돈을 벌게 된다는 것에 더 큰 기쁨을 느낍니다. 심지어 사람을 판단할 때에도 그 사람의 경제적 능력이나 물질적 부를 더 중요시합니다. 돈이 단순한 유통의 수단이 아니라 사회 최고의 가치로 숭배되는 셈이지요.

사회를 바꾸지 않고서는 희망이 없다

양들이 사는 마을이 있습니다. 양들은 호시탐탐 자신들의 목숨을 위협하는 늑대로부터 생명을 지키기 위하여 울타리를 만들었습니다. 그 울타리 덕에 몇 년 동안은 아무 일 없이 평화롭게 지낼 수 있었습니다.

그런데 어느 날 밤 늑대로부터 습격을 받았습니다. 양 한 마리가 늑대에게 끌려가서 처참하게 희생당한 것입니다. 이 사건 때문에 마을의 양들이 모여서 회의를 열었습니다.

"주민 여러분들, 어제 우리의 동료가 늑대의 침입으로 희생되었습니다. 앞으로 여러분들이 무모한 희생자가 되지 않도록 각별히 주의하시기 바랍니다."

그 말을 들은 양들은 공포에 휩싸였습니다. 밤이 되면 아무도 외출을

하지 않았습니다. 하지만 희생자는 매일 생겨났습니다. 밤에 외출을 하지 못하는 것이 점점 불편해진 양들은 이렇게 말했습니다.

"어차피 매일 희생자는 생기잖아. 단지 그 희생자가 누가 될지 모르는 것뿐이지. 그러니까 차라리 정상적인 생활을 하는 게 낫겠어."

여러분들은 이 양의 처사가 현명한 것이라고 생각하세요?

마르크스가 만약 이 이야기를 들었다면 옳지 못한 말이라고 했을 것입니다. 양들은 매일 누군가가 희생되는 데도 불구하고 문제에 대한 원인을 정확하게 분석하고 근본적으로 대처하지 않았기 때문입니다. 밤에 외출을 하지 않고 조심히 지내서 운 좋게 자신이 희생자가 되는 것을 피할 수는 있습니다. 하지만 자신이 미래의 희생자가 될 위험은 없어지지 않으며 결국 아무것도 해결된 것이 없습니다. 문제를 해결하기 위해서는 보다 근본적인 대책이 필요합니다. 각자가 조심하는 것으로 문제는 결코 해결되지 않습니다.

늑대가 어떻게 해서 마을로 침입해 양을 해칠 수 있었는지 모두가 힘을 합쳐서 알아내야 합니다. 울타리부터 꼼꼼하게 점검하고, 울타리에도 이상이 없다면 늑대의 다른 침입 방법을 알아내야 합니다.

마르크스가 들려주는 교훈 역시 이러한 것입니다. 마르크스는 우리 사회가 인간 중심이 아니라 돈이 중심이 되는 사회라는 것을 비판하는 데는 관심이 없었습니다. 마르크스는 실제로 인간이 아닌 돈에 의해서 움직이는 사회의 문제를 해결하기 위해서는 근본적인 해결책이 필요하다고 보았습니다. '돈보다 인간이 중요하다' 라든가 '인성 교육을 강화해야 한다' 는 식의 해결 방안은 외출을 자제하라는 양들의 대책만큼이나 실속 없는 것이라고 생각했습니다. 마르크스는 세상의 모든 가치가 돈으로 평가되고 인간의 가치마저 돈으로 평가되는 원인이 자본주의의 시장경제에 있다고 보았습니다. 그리하여 마르크스의 해결책은 시장경제를 바꾸고 변혁하는 것입니다.

마르크스가 주는 교훈은 분명합니다. 우리 사회의 문제를 해결하기 위해서는 공허한 외침이나 각성보다는 그 문제를 야기하는 사회 구조적인 원인을 찾아내서, 사회를 변혁시켜야 한다는 것입니다.

에필로그

    태진이의 엄마는 늦게 들어왔습니다. 같이 강의를 듣는 친구들과 토론을 하시느라 늦었습니다.

    "태진아!"

    방에서 숙제를 하고 있는 태진이를 엄마가 부릅니다.

    "엄마, 오늘도 늦었네요."

    "응. 강의 끝나고 학생들이랑 교수님과 저녁 식사를 했단다. 오늘은 전에 봤던 택시 기사 아저씨도 만났잖니."

    태진이 엄마는 요즘 택시 기사 아저씨에게 들었던 '철학과 사회' 라는 강의를 듣고 있습니다. 태진이 엄마는 대학을 다니면서 공부를 열심히 하지 않아 아쉬웠는데, 이번 기회를 맞아 열심히 공부하고 있습니다.

    "우리 아들 뭐했어?"

"숙제 하고 있었어."

"기특하기도 하지. 〈용궁〉은 이제 안 보니?"

"〈용궁〉 벌써 종영했어. 이제 다른 거 하는데 안 봐서 잘 몰라."

태진이는 이제 드라마를 거의 보지 않습니다. 꼭 시간이 아까워서만은 아닙니다. 드라마를 볼 시간에 태진이가 할 수 있는 가치 있는 일이 많다는 것을 느꼈기 때문입니다.

태진이 엄마가 드라마 시청을 포기하고 강의를 듣는 것처럼 태진이에게도 드라마보다 더 가치 있는 일이 생겼습니다. 바로 자본주의사회의 문제점을 찾는 일입니다. 자본주의라는 것을 태진이가 모두 이해하기는 어려웠지만 가까운 우리 주변에서도 자본주의의 문제점은 얼마든지 찾을 수 있었습니다. 그래서 강의에 가셨던 엄마가 집에 돌아오면 태진이와 한 시간 동안 이야기를 나눕니다. 엄마는 강의에서 들은 내용을 태진에게 쉽게 설명해 주시거든요.

엄마의 수업 노트는 점점 두꺼워져 가겠지요. 그리고 태진이가 보는 책도 앞으로는 더욱 두꺼워질 것입니다. 태진이는 엄마의 노트를 보면서 다짐했습니다.

'주말에는 저 노트를 꼭 봐야지. 히히.'

통합형 논술
활용노트

01 다음 글을 읽고 물음에 답하시오.

(가) "신은 인간이 만든 상상의 존재에 불과하다고 마르크스는 믿었어. 말하자면 신이 인간을 창조한 것이 아니라 인간이 신을 창조했다는 것이지."

"그럼 인간은 왜 신을 만들었어요?"

"인간이 신을 창조한 이유는 아주 간단해. 이 세상에는 정의롭지 못한 일이 너무 많이 일어나. 미연이 부모님처럼 선량한 사람들이 허무하게 죽는가 하면, 비도덕이고 몰인정한 사람들이 성공하기도 해. 너무나 불공평하지 않니? 그래서 사람들은 '분명 저런 사람들은 살아 있는 동안에는 복을 누리는 것처럼 보이지만 죽어서는 벌을 받게 될 거야' 라는 생각을 하게 되는 거지. 그래서 인간은 죽어서 없어지는 게 아니라 죽은 후에도 다른 세계에 살게 되며, 그 세계를 다스리는 신이 있다고 믿어. 그래야지만 마음이 편안해지거든. 너희들도 한번 생각해 봐. 태진이랑 건미가 사랑하는 사람들이나 자신이 죽게 되었을 때 정말로 그 삶이 끝난다고 생각하면 막막할 거야. 그래서 죽어서도 다른 세계에 살게 된다고 믿는 게 조금이나마 위안이 되겠지. 그렇기 때문에 사람들은 종교를 믿고 신이라는 존재를 믿게 되는 거란다."

— 《마르크스가 들려주는 자본론 이야기》 중

(나) 우리는 신이 존재하는지 존재하지 않는지를 알 수 없기 때문에, 마

치 도박이 벌어지기 전에 그 도박의 가능한 결과들을 추측하며 판돈을 걸듯이, 우리의 믿음 여하에 따라 달라질 수 있는 운명적 결과들–영원한 생명(천국)과 영원한 저주(지옥)–을 예상해 보고 신을 믿을 것인지 말 것인지를 선택해야 한다. 이런 상황에서 불가지론자*는 신이 존재할 수도 존재하지 않을 수도 있다고 생각하기 때문에 어떤 쪽도 선택하지 않는다. 신이 존재한다는 확신이 없는 상황에서 신이 존재한다고 믿는 것은 참된 믿음이 아닐 뿐만 아니라 양심을 기만하는 행위라고 생각하기 때문이다. 하지만 도박꾼은 어떤 선택을 할 것인가? 도박꾼은 사실적 증거나 양심의 소리에 상관없이 예상되는 이익과 손해를 비교하며 선택(도박)을 한다. 도박꾼에게 있어 가장 합리적인 선택은 가능한 많은 상금을 타고 손해를 볼 경우에는 그 손해를 최소화할 수 있는 선택을 하는 것이다. 이런 도박꾼의 입장에 따르면 최선의 합리적인 선택은 신을 믿는 것이다. (……)

— 2005년 성균관대학교 수시 1학기 면접고사 지문

〈파스칼의 내기(Pascal's Wager)〉 중

불가지론자(不可知論者) : 인간의 인식 능력으로는 우리에게 드러나는 현상 이면에 있는 세계의 실체 혹은 신의 실체를 알 수 없다고 믿거나 주장하는 사람.

1. (가)에 나오는 대화 내용에 대해 여러분은 어떻게 생각하나요? 신이 존재할까요, 존재하지 않을까요? 혹은 신이 인간을 만들어낸 걸까요, 인간이 신을 만들어낸 걸까요? 주장에 맞는 근거를 들어 자유롭게 이야기해 보시오.

2. (가)와 (나)는 서로 대립하는 입장입니다. 두 주장의 근거를 비교해 본 후, (가)의 입장에서 (나)를 비판해 보시오.

02 다음 제시문을 읽고 물음에 답하시오.

(가) "가난은 빈부의 격차가 그 원인이란다. 너희들도 알고 있겠지만, 우리나라에서 버려지는 음식물 쓰레기만 절약한다면 지구의 다른 곳에서 기아에 허덕이는 많은 사람들을 구할 수가 있어. 마르크스는 기아와 빈곤이 결코 생산의 부족에서 발생한다고 생각하지 않았어. 기아와 빈곤은 부의 불균형에서 비롯된다고 믿었지. 이 지구상의 어느 곳에서는 배불리 먹고 남은 고급 음식물이 썩어 가는 반면에 다른 어느 곳에서는 태어나자마자 먹을 것이 없어서 굶어죽는 아이들도 있잖니. 이러한 일이 왜 생기는 걸까?"

"음, 뭔가 잘못된 것은 알겠는데, 그것이 왜 생기는지는 모르겠어요."

"굶어서 죽어 가는 사람들에게 식량을 지원하고 의료품을 보내는 것이 결코 잘못된 일은 아니란다. 하지만 좀 더 냉정하게 문제를 짚고 넘어가면, 기아와 빈곤은 그들이 결코 게을러서가 아니야. 마르크스는 이렇게 생각할거야. 분명 사회는 풍족한데도 불구하고 어떤 사람들은 음식을 먹지 못해서 죽을 정도로 빈곤에 시달리는 것은 뭔가 잘못된 것이라고. 마르크스는 그 원인이 어디에 있는지를 알아야지만 해결을 할 수가 있다고 믿었어. 바로 이러한 해결 방안을 찾는 것을 마르크스는 자신의 평생 과업으로 삼았어."

— 《마르크스가 들려주는 자본론 이야기》 중

(나) "돈을 많이 주는 사장에게 노동자가 무슨 불만이 있겠니? 순순히 시키는 대로 동의하겠지. 그래서 그람시의 말대로 공장에서 자본가가 헤게모니를 갖게 된 거란다. 좀 더 넓게 생각해 볼까? 자본이 사회의 중요한 축이 되는 자본주의사회에서는 역시 자본가가 공장이나 회사뿐만 아니라 사회에서도 헤게모니를 갖게 되지 않을까?"

"맞아! 우리 학교만 해도 돈 많은 사람이 힘이 센걸. 강하네 엄마처럼."

"그래. 학교뿐만이 아니라 사회 전체가 다 그렇지. 그런 걸 사회 구조적인 문제라고 한단다."

"개인의 문제가 아니라 사회의 문제라는 거네요?"

"응. 자본주의사회는 돈이 지배하는 사회야. 사회구조적으로 자본가가 헤게모니를 가져서 이제는 노동자들이 아무 힘이 없게 돼 버렸지. 노동자들 사이에서도 정규직은 자본가에게 동의를 하고 비정규직이 행여 자신의 직장을 빼앗을까 봐 적대시하거든. 나 같은 힘없는 노동자에게는 이건 정말 끝이 보이지 않는 싸움이야."

— 《그람시가 들려주는 헤게모니 이야기》 중

(다) ○○경제연합에서 대학생 250명을 대상으로 설문 조사를 실시하였다. 우리 사회의 빈부 격차 문제에 대한 질문으로 응답자 중 84%가 '심각한 수준'이라고 답했다.

빈부 격차의 주된 원인으로는 △조세 및 사회보장 제도의 미흡 29.2%

△정부의 경제정책 실패 20.3% △개인적인 능력과 노력의 부족 18%
△가족의 경제적 배경 차이 16.4% 등을 꼽았다.

— ○○신문, 2008년 11월 17일자

1. 여러분은 빈부 격차에 대해 알고 있나요? 혹시 빈부 격차를 직접 경험한
   적이 있나요? 여러분이 알고 있는 빈부 격차에 대해 설명하고, 직접 겪
   었거나 여러분 주위에서 나타나는 빈부 격차의 문제점을 적어 보시오.

2. 제시문(가)와 제시문(나)를 읽고 자본주의사회가 무엇인지 간략하게
   설명하시오. 그리고 자본주의사회에서 나타는 문제점은 무엇이고 여러
   분의 의견은 어떠한지 적어 보시오.

3. 제시문(가)와 제시문(나)에 나타난 자본주의사회 설명을 가지고, 제시
   문(다)의 통계 결과로 나온 원인이 무엇인지 설명하고, 여러분이 마르
   크스라면 어떤 해결책을 제시했을지 설명해 보시오.

통합형 논술
문제풀이

01 1. 신은 존재합니다. 신이라는 조물주가 없다면 인간을 비롯한 사물들이 지금처럼 하나의 목적에 따라 질서 있게 존재하는 현상을 설명할 수 없습니다. 우리가 사는 세상의 자연 질서를 보아도 이 세계는 어떠한 목적을 가지고 흘러가고 있다는 걸 알 수 있습니다.

식물은 미생물이 사는 토양의 영양소를 흡수하여 꽃을 피우고 열매를 맺습니다. 그 식물을 먹고 자란 동물은 다른 포식자에게 먹힙니다. 가장 상위에 있는 포식자가 죽어서 땅에 묻히면 미생물이 다시 이를 분해하여 영양분이 가득한 토양으로 만들고, 그 위에서 다시 식물이 자라납니다. 이처럼 자연 세계는 생태계적 질서를 통해 스스로를 지킵니다. 신이 세계를 만들지 않았다면 자연 모든 만물이 이처럼 하나의 질서와 목적을 가지고 조화롭게 살아갈 수 없었을 것입니다. 따라서 신은 존재합니다.

2. (나)의 주장 밑바탕에는 불가지론이 깔려 있습니다. 신이 실제로 있는지 없는지

는 알 수 없지만, 어쨌든 신이 있다고 믿는 게 이익이라는 입장이지요. (가)의 마르크스는 유신론자들의 태도를 비판하고 있습니다. 신이 있다고 믿는 것이 믿지 않는 것보다 이익이라는 것은 신이 있다고 주장하는 근거가 될 수 없습니다. 그것은 단지 자신의 마음이 편해지기 위해 그렇게 생각하는 것일 뿐이지요.

또한 이것은 모든 사람에게 보편적으로 적용될 수 없습니다. 죽은 후 신의 심판에 따라 천당과 지옥으로 행로가 갈린다고 믿으면 마음이 편해지는 사람도 있지만, 오히려 자신의 삶을 뜻대로 펴지 못해서 구속이라고 생각할 수도 있습니다. 니체가 '신은 죽었다'고 주장하고 나서야 비로소 인간 스스로의 삶을 개척해 나가는 자유의 길을 찾았듯, 신이라는 존재가 있다고 생각하는 것은 반드시 인간의 행복을 보장하지는 못합니다.

따라서 신을 믿거나 믿지 않을 때 자신에게 돌아올 이익이나 손해 결과에 따라 신의 존재 여부를 결정할 수는 없습니다. 신의 문제는 철학적으로 고민하되, 신 존재

에 의지하지 말고 스스로 행동의 기준을 정해 주체적으로 살아가는 태도가 필요합니다.

02 1. 빈부 격차란 사람들마다 가지고 있는 재산과 부(富)의 양이 차이나는 것을 말합니다. 사람들이 모두 똑같은 재산을 가지고 있지는 않습니다. 사유재산과 자유로운 경제활동이 인정되는 곳에서는 모두 마찬가지입니다. 그런데 그 차이의 정도가 지나치면 지나칠수록 빈부의 격차는 커집니다. 돈이 많은 사람은 돈으로 또 다른 돈벌이를 하게 되고, 돈이 없어서 저축할 여유가 없는 사람들은 계속 돈을 모을 수가 없습니다.

우리 주변에서도 보면 땅을 많이 갖고 있는 사람들은 계속 재산이 불어나 더 많은 땅과 아파트를 사지만, 경제적으로 힘들게 살아가는 사람들은 경기 불황으로 일자리마저 잃어 가고 있습니다.

2. 자유주의 사회는 자유가 바탕이 되는 사회이고, 공산주의 사회는 사유재산을 허락하지 않고 공공재산이 바탕이 되는 사회입니다. 또한 자본주의사회는 자본이 바탕이 되는 사회를 말합니다. 흔히 자본은 사업을 시작할 때 밑거름이 되는 돈과 같은 경제적 가치를 뜻합니다. 사업을 시작하여 이윤이 남았고, 그 이윤을 다시 사업에 투자할 때 쓰는 돈을 자본이라고 합니다. 여기에서 자본은 다른 물질이 아닌 돈(화폐)이며 자본이 잘 유통이 되어야 경제가 안정적으로 유지됩니다. 제시문 (나)의 설명대로 돈이 지배하는 사회이다보니 돈이 없는 사람은 지배를 당하게 되고 돈이 있는 사람은 그렇지 못한 사람을 착취하며 더 많은 이윤을 남기려고 합니다. 그래서 자본가들은 노동자들이 많은 시간 동안 일을 하되 적은 돈을 받는 방법을 만들어냅니다. 자본가들은 더 많은 자본을 축적하기 위해 수단과 방법을 가리지 않는 경우가 생길 수도 있습니다. 돈과 물질이 최고의 가치로 여겨지면 이윤의 성립에 따라 인간관계가 결정되어 인간성이 결여된 삭막한 사회 분위기가 될 수 있습니다.

3. 자본주의사회의 문제점으로 빈부의 격차가 커진다고 할 수 있지만 빈부 격차의 가장 큰 원인이 자본주의사회 때문이라고 단정 짓기는 어렵습니다. 하지만 대학생들이 생각하는 빈부 격차의 원인 중 조세 및 사회보장 제도가 미흡하다는 점과 가족의 경제적 배경 차이는 자본주의사회의 문제점과 밀접한 연관이 있습니다.

특히 원인 중 가장 높은 비율을 차지한 것이 조세 및 사회보장 제도의 미흡 문제입니다. 이것을 해결할 수 있는 근본적인 방법은 사회구조와 제도를 바꾸는 것입니다.

자본주의사회는 그대로 유지되는데 사회복지 제도를 더 강화하여 사람에게 혜택을 돌려주는 것은 단기적인 효과만 낼 뿐입니다. 그리고 사회복지 혜택을 받을수록 독립적으로 살기 위한 의지가 떨어져 오히려 역효과를 냅니다. 그러므로 현재처럼 유지되고 있는 자본주의사회 구조를 변화하고, 소수의 자본가 계급과 다수의 노동자 사이의 혁명이 필요합니다.